子どものココロが見える
ユーモア詩の世界

親・保育者・教師のための子ども理解ガイド

白梅学園大学教授
増田修治 著

ぎょうせい

著　者　増田修治
アドバイザー　山田　博（元共同通信社編集委員）
イラスト　赤嶺元気（共同通信社グラフィックス部）

はじめに

　子どもは、たくさんの本音を抱えています。その本音は、大人の側にはなかなか分かりません。分からないというより、大人の側が分かろうとしないか、子どもに共感する能力が失われているかのどちらかだと思うのです。

　子どもは、本音をそのまま表現することを積極的にしません。どちらかというと、本音を笑いに溶かし込んで表現することが多いのです。ですから、この本にはたくさんの本音が見えるはずです。

　また、子どもは日頃から「バカバカしいこと」を考えているものです。私たち大人も、子どもの時に「バカバカしいこと」を考えて笑いあっていたはずです。この本に載っているたくさんの詩を通して、自分が子どもだった時のことを思い出してほしいと思うのです。自分が子どもだった時の思いを通して子どもを見た時に、子どもの裏側にある本当の思いが分かるのです。

　世の中には、完璧な子どもなんているはずがありません。人間には長所と短所があるのにもかかわらず、大人は子どもにパーフェクトを求めてしまうのです。今の子どもたちのいい部分も悪い部分も含めて、受け止めることが何より大事なのです。

「いい部分も悪い部分も含めてアナタなんだよね、それでいいんだよ！」とすべてを受け止めてあげることによって、初めて自己肯定感が育つのです。褒めればいいというものではないのです。

子どもたちだってこの厳しい世の中で、いろいろなストレスを抱えながら頑張って生きているのです。ですから、大人はわが子をこの厳しい世の中を生きている同志なんだ、仲間なんだという感覚で見てあげなければ、子どもは逃げ場がなくなってしまいます。

子どもがストレスを抱えたりすることは、普通のことなのです。どうか親や保育士・教師の皆さんにそこを分かっていただき、子どもたちがありのままの自分に自信を持ってのびのび生きていけるようにしてあげてほしいのです。

子どもに期待するあまり、追い込んで逃げ道をふさいでしまわないように、どうかお子さんのすべてを受け止め、愛してあげてください。そのために、この本が役立つなら、こんなに嬉しいことはありません。

ここに載せた詩と解説は、共同通信社で２００８年１月から２０１９年３月までの11年余りの間連載したものです。詩の助言をしてくださった元編集委員の山田博氏とイラストを描いてくださった赤嶺元気氏に改めてお礼申し上げます。

七夕の日の梅雨空の雨をながめながら

増田修治

■目次■　子どものココロが見えるユーモア詩の世界

第2章　子どもの世間・人間関係

第3章　子どもの好きなモノ

目　次

第４章　子どもを健やかに育てる秘訣

カバー・本文／イラスト　赤嶺元気

序章　素顔の向こうが見える子どもの詩

みなさんは、学校とはどのようなものだと考えていますか。教師も子どもも真面目で一生懸命に勉強するべき場所―そんなふうに思っているのではないでしょうか。

教師を長くやっていると、「学校はこうあるべきだ」「子どもはこうあるべきだ」という「べきだ論」にとらわれてしまいます。かっての私もまた、そのような教師になっていました。でも、その思い込みを完全に打ち破ってくれたのが「ユーモア詩」だったのです。

私が小学校4年生を担任した時のことです。一人の男の子が書いた詩を学級通信に載せたのです。それは、「おなら」という次のような詩でした。

おなら

国広伸正（4年）

だれだっておならは出る。
大きい音のおならを出す人もいれば、
小さい音のおならを出す人もいる。

なぜ、音の大きさが違うのだろう。

きっとおしりの穴の大きさが違うんだ。


私はこの詩を見た時、正直「ばかじゃないか」「こんなくだらないことを書いて」と思ったのです。でも、前もって「どんな内容でも学級通信に載せるよ」と約束していたので、載せざるをえなかったのです。


そうしたら、この詩で15分間子どもたちが笑い転げたのです。

「そうだよね〜。大きい音もあれば、小さい音もあるよね」

「プーとかピーとか、いろんな音がするよね」

「そうそう、それにおしりの穴って三角になったり丸になったりするんだぜ！」

などと言って、大喜びしているのです。私は思わず、

「おいおい、どうやっておしりの穴を見たんだよ」

などと、ツッコミを入れたくなりました。

そして、最後の方で、

「そういえばさぁ、マヨネーズの先っぽに星型のやつがあるだろ。あれをおしりにはめたらどうなるのかな？」

などと言って、またまた大喜びしたのです。

その時に、私は気づいたのです。「子どもたちは笑ってつながりたいんだ」「学校にこそ笑いが必要なんだ」「子どもの面白いとか楽しいという感覚から遠くなっていたんじゃないのか」と。そして、子どもと本当につながりたければ、子どもの感覚に近づく必要があると思うようになったのです。

子どもは、うんちやおしっこ、おならの話が大好きです。自分の身体から出てくる「分身」のような感覚を持っているからです。保育園の2歳児が、トイレでうんちを流すとき「うんちさん、バイバイ」と言っているのを見たことがあったのですが、こうした感覚を持っているし、まずはそこを認めてあげることが大切だと思ったのです。

そうして始めたのが「ユーモア詩」だったのですが、実はすぐにタネが尽きて終わるだろうと思っていました。しかし、そうではありませんでした。「そうそう、うちにもそういうことがあるよ」と、次々と書いてくるのです。結局、タネが尽きることはありませんでした。

子どもたちは、また優れた観察者でもありました。こんな詩があります。

熱を出した

竹内　菜摘（3年）

私が2年生の時に熱を出した。

医者に行って薬をもらった。
でもさがらなかった。
私はお昼ごはんまでねていた。
お昼になったからママが起こしにきた。
私は起きたけど、おかゆを食べられなかった。
次の日パパが無理矢理休んだ。
だから
「今日はパパが世話をしてくれるな」
と思った。
だけどパパはパチンコに行ってしまった。
だから休んだ意味がないなと思った。

実はパパは、「無理矢理休んだ」のではありません。「ママに無理矢理休まさせられた」のです。「たまにはあなたが世話してよ」ということだったのでしょう。この詩を学級通信に載せるかどうか迷いました。ひとつ間違うと、夫婦の問題にまで発展しかねないからです。

そんな時に、ちょうど竹内さんのお母さんが学校に来たので、聞いてみたのです。すると、「絶対載せてください！　これはお父さんに対する罰なんです！」との強い言葉が返ってきたのです。

学級通信を配って3日後。なんとパパから手紙が届いたのです。

「うれしいやら悲しいやら、弁明のしようがない詩を載せていただき、ありがとうございます。このご恩は、一生忘れません」

と真っ赤な字で書いてあったのです。正直、あせりまくりました。

子どもは、どの子も自分のことを大事にしてほしいと思っているのです。

大人は、子どもがいわゆる「いいこと」をした時だけ褒めます。そうすると、子どもはその「枠」の中にしかいられなくなります。自己肯定感を育てるために「褒める教育」が広がっています。実は、自己肯定感というのは、マイナスのことも含めて「あなたのままでいいよ」「君の感じ方は間違っていないよ」と丸ごと認めてあげることで、育っていくのです。

「ユーモア詩」に取り組んで一番変わったのは、お父さんでした。様々な詩を通して、子どもの面白さを知り、「この子はどんな子なの？」とか「お前はどんな詩を書いたんだい」という形で、家庭での会話が豊かになったのです。

この本を読んで、子どもの頃のことを思い出してください。そして、自分の中にある「子ども時代のしっぽ」を思い出してほしいのです。大人になると、いつの間にか自分の子ども時代を忘れたり、美化することが多いのではないでしょうか。大人になるということは、「子ども時代」を捨て去ることではありません。「子ども時代のしっぽ」をひきずりながら、生きていくことだと思うのです。

この本が、子どもを知り、子どもの時の感覚を取り戻すきっかけになれば、こんなに嬉しいことはありません。また、たくさんの詩を読んで大いに笑ってください。子どもと一緒に詩を読み合ってみてください。

きっと、子どもと一緒に笑い合う瞬間の楽しさを感じることができるはずです。

第1章

子どもの感性・子どものホンネ

「恐るべき子どもの人間観察力」と子どもの人権感覚

子どもの感性は、鋭いのです。親や大人のことをじっくり見ているのです。次のやり取りは、保育園での5歳児のものです。

ちえみ「あたし、よしえ先生に変身したいな」
保育士「なんで？」
ちえみ「だって、好きに怒れるから…」
保育士「エッ…（絶句）」
ちえみ「だってお母さんが、子どもは怒っちゃいけないって言うんだもん」
保育士「ちーちゃんのお母さんは、怒らないの？」
ちえみ「お母さんは、怒ってる！　私も怒りたいけれど、言うと怒られるから、心の中で『バカヤロー』とか思っている。これ絶対に言わないでね」
保育士「ふぅ〜ん、子どもは怒っちゃいけないんだ」
よし子「そりゃあ、そうだよ」

保育士「そうなんだ」
みき「あたし、大人は怒ってほしくないけど、子どもは怒っていいと思う」
保育士「どんな時、怒りたくなる？」
はるき「先生が、ドッヂボールをさせてくれない時」
みき「あたし、ドッヂボールの時、お腹にボールがあたって痛かったのに、よしえ先生が『大丈夫』って言ったのが、すごくむかついちゃった」
保育士「そうだったんだ。ごめんね」
ちえみ「眠くないのに、お昼寝の時、『静かに!!』って言われると、自分が寝ればいいじゃんって思う」
保育士「ふぅ〜ん」
みき「そうだよ。子どもの方が怒っているんだからね」

すでに、5歳児でありながら、人権意識の芽生えを見ることができます。そして、大人の姿をじっくり見ていることが分かります。この章では、子どもが大人をどう見ているか、どんな関わりを求めているかが分かる内容になっています。子どもはバカバカしいことでつながりたいのです。また、読んでいくうちに恐ろしいまでの人間観察力に驚かれるに違いありません。

ボディービルダー

長川　翼（3年）

この前テレビで、
ボディービルダーの大会をやっていた。
さっそくぼくとお兄ちゃんは、
服をぬいでパンツ1枚になり、
ボディービルダーのまねをした。
それを見ていた父ちゃんは、
「それじゃダメダメ!」
と言いながら、
けつにパンツをくいこませて歩いていた。
おかしくておかしくて
みんなで大笑いした。
でもこれで終わるわけがない。
最悪なのは母ちゃんだ。
とても人に見せられない
パンツ1枚のかっこうで、
ボディービルダーのまねをしていた。
あれでも一応女なんだろうなー。

尊敬集めたお母さん

家族の様子が目の前に浮かんできて、のりやすい私も引きずり込まれそうな気分です。

翼の詩で、学級詩集に載せようかどうか、悩んだことがありました。こんな詩です。

「母ちゃんがおしるこを作ってくれた／でもふつうのおしるこじゃなかった／ウンコの形の団子を作り／おっぱいの形の団子を作っていた／そして、あんこの中に団子を入れて／『ウンコ＆おっぱいおしるこの完成』とか言って母ちゃんは喜んでいた」

載せていいかと聞くと、詩を見たお母さんは真っ赤な顔で言いました。

「子どもが書いたのですから、許可なんかいりません」。そしてひと言。「あきらめました」。

それからの翼の詩のイキイキさといったらありません。自由でのびやか。解放された言葉が輝き出したのです。実はその翼のお母さんを、クラスの多くのお母さんがひそかに尊敬していたことが、学年末になって分かりました。「私だったら恥ずかしくて生きていけないほど赤裸々なことを書かれても平気で生きていられる翼君のお母さんに、尊敬すら感じます」。27人中7人がそっくり同じ感想を寄せたのです。堂々と生きる姿に勇気を分けてもらっている気がしたのでしょう。

子どものユーモアは本当に人と人をつなげる力があります。大事に育てたいものです。小さな子どもは、プールの時、真っ裸になって走り回ります。そんなことも温かい目で見てあげたいですね。

お母さんのマイク

西山　未矩（3年）

私のお母さんは、
スプレーをマイクにして歌います。
おもしろそうだから、
私もやってみました。
そしたらお母さんが、
おしりをたたいてきて。
「おバカな親子！」
と言ってきた。
私も
「本当！」
と言った。
おもしろかったです。

ユーモアは心育てる漢方薬

おしりをたたいて「おバカな親子！」と言うお母さん。「本当！」と返す未矩。スプレーをマイクに見立てて盛り上がる2人の姿が浮かんできます。

「おもしろかったです」と言う最後のひと言が、未矩の満足感を見事に伝えていますね。この上ない喜びだったのでしょう。読んでいて、私もジーンとなりました。

実は、未矩のお母さんは、日光過敏性なのです。出産後、日光が当たるだけで発しんができるようになり、未矩が小さいときから、外で一緒に遊んでやることができませんでした。

授業参観や学級懇談会に来るときも肌を絶対露出しないよう気をつけ、「ディズニーランドにも連れて行ってあげられないし…」と相談されたこともありました。他の親子が外遊びしているのを見るたびにお母さんは、胸を締め付けられる思いだったに違いありません。

そんなお母さんが考えたのがユーモアで家庭を明るくすることだったのです。

未矩は、笑顔あふれる親子のユーモア詩をたくさん書いてくれました。

読むたびに私には、詩と、未矩を思うお母さんの気持ちが重なって、心が温かくなりました。

ユーモアは子どもの心を育てる漢方薬です。続けているうちにじんわり効いてくるのです。

子どもに必要なのは即効薬ではありません。幼少期からの漢方薬のような笑いなのです。

妹の立候補

渡辺　みどり（6年）

お昼の時、
児童会役員立候補者のテレビを見た。
テレビがつくと、
妹がしゃべりはじめた。
妹はいつも、
「あゆみねー…。」
とか言うのに、
「私が…。」
と言っていた。
私？
はじめて聞いたような気がする。

輝く瞬間

妹は4年生。みどりにとってはまだまだ小さく、幼い存在です。なにしろ自分のことを「あゆみねー…」と甘えた声で言ってくるのですから。

ところが、その妹がテレビに出ているのです。みどりは、さぞかしびっくりしたのでしょう。しかも、児童会役員への立候補なんて想像もしない事態です。話し方もまるで別人。「私が…」と、しっかりした言葉で言い始めたというのですから、青空に雷鳴がとどろいたような気分だったでしょう。妹は、家でも秘密の特訓をしていたに違いありません。家に帰ってからみどりは、妹に、「あんた、急にどうしたの?」とでも言ったのでしょうか。それとも、「なかなかやるじゃん!」とでも言ったのでしょうか。

妹が「私」と言うのを「はじめて聞いたような気がする」と書いていますが、妹の成長にびっくりしながら、うれしいと思う気持ちが感じられます。

子どもは、何かのきっかけで急に大人になる瞬間があります。まるでヒナから成鳥へと変わるかのようです。急激に成長する子どもは、輝いています。

その瞬間に立ち会うことができた時、親や教師や保育士は身震いするほどの喜びを感じるのです。つらくても、そんな時間があるから、親も、教師も保育士もなんとかがんばれるのです。

あじ

白鳥　香帆（3年）

じいちゃんと絵をかいた。
変な絵だったけど
じいちゃんが
「この絵はあじがあっていい。」
と言った。
私が
「絵のあじってなに？」
と聞いたら
じいちゃんが困って
返事ができなかった。

根本問う子どもの疑問

子どもは素朴で、ストレートです。

「この絵はあじがあっていい」。大人同士の会話ならそれで済むかもしれません。でも、子どもの前ではそうはいかないのです。

「絵のあじってなに?」。正面切ってこう突っ込まれたじいちゃん。さぞかしびっくりしたことでしょう。「あじがある」と言ったのは、かわいい孫を何とかほめてあげたいというじいちゃんなりの愛情表現だったのでしょう。なのに「じいちゃんが困って返事ができなかった」とまで書かれたのではちょっとかわいそうな気もします。

大人は、人間関係を滑らかにするあいまいな言葉をよく使います。分からなくてもあえて問いたださないのが礼儀みたいなところもありますよね。でもよく考えると「あじがある」と言われても、何のことやら分からないのも事実です。子どもには、おとなのような回りくどい配慮はありません。それだけに子どもが発する疑問には、物事の根本を問う深いものがあります。

どうして人は死ぬの? 雲は氷の粒でできているのに何で空に浮いているの? 大人でも、すぐに答えられる人はそういないでしょう。こんなときこそ適当に受け流さないで、子どもと一緒に考えるチャンスと前向きに受け止めたいものです。小さいからとバカにしてはいけないのです。

ぼくの名前

河島　敬一（3年）

お父さんに、
名前のことを聞いてみた。
「敬という字は
〝うやまう〟という意味なんだよ。」
と教えてくれました。
うやまわれる人になってほしいから
敬一という名前にしたそうです。
ぼくは、敬一という名前で良かったです。
でも「うやまう」って、
どういう意味なんだろう。

素直さ伸ばす教育を

「うやまわれる人になってほしいから敬一という名前にしたんだよ」というお父さん。その言葉にうなずく敬一。こんな2人の姿が目に浮かぶ絵に描いたような展開です。

でも、その上で、「ぼくは、敬一という名前で良かったです」なんてこられると、少々変な先生である私も、「オッ敬一、どうしたんだ。熱があるんじゃないか」と思わず心配になってしまいます。ところが、そうはいかないのが敬一のすごいところです。最後にひと言。

「でも『うやまう』って、どんな意味なんだろう」

野球で言えば9回裏の一発逆転ホームラン、見事などんでん返しです。それまでの流れを、場外のはるかかなたに吹っ飛ばし、すてきなユーモア詩にしてくれました。

子どもに「しっかりしろ」なんて説教をすると、子どもは普通その場では「しっかりする」なんて答えるものです。親は安心すると思うからです。でも内心では「しっかりするってどういうこと?」と疑問に思っている子が多いはずです。

分からないことを素直に口に出せるのは、子どもが子どもらしく育っている証拠。そんな素直さを伸ばす教育をしたいものですね。学力のおおもとになる好奇心も、自分の疑問を大事にするから育つのです。疑問を一緒に考えてみることで、大人もたくさんの発見があるものです。

聞き間違い

三浦　諒太（3年）

よく家の前を竹屋が通る。

「たけや～、かおだけ～。」

とぼくには聞こえる。

だからぼくは、

「顔だけなんてこわいなぁ。」

と思って
ママに聞いてみた。

そしたら、

「サオだけ～と言っているんだよ。」

と言った。

だからホッとした。

豊かな想像力に拍手

聞き間違いはだれにもあるものです。でも、これはとびっきりです。

「たけや〜、かおだけ〜」なんて、諒太でなくてもびっくりです。一体、どんな顔なんだろう。大きさは？　人の顔なの？　それとも幽霊みたいに怖い顔なの？　竹屋さんが売っているのだから、さおの先に顔がぶら下がって、ぶ〜らぶ〜らしているんだろうか…。考えるだけでぞっとします。「顔だけなんてこわいなぁ」。このひと言が実感をもって迫ってきますね。「たけや〜、さおだけ〜」とスピーカーで宣伝しながら住宅街を移動する竹屋さんは、今もときどき見かけます。普段は何の気にもとめませんが、今度会ったらどう聞こえるかぜひ試してみたいと思います。

自分が聞いた言葉から想像をふくらませた諒太をお母さんはどう思ったのでしょうか。

「3年生にもなって、まだねんねだね」とあきれたのでしょうか、それとも「まだまだかわいいねえ」と目を細めたのでしょうか。ともかくも「サオだけ〜と言っているんだよ」というお母さんのひと言で諒太の不安は吹き飛びました。お母さんはやっぱり「心の安全基地」なのです。特に、幼児期におけるお母さんの一言は、子どもに大きな安心感を与えるのです。

ちょっとした出来事をすてきなユーモア詩にした諒太の想像力の豊かさに拍手です。子どもの言葉をまずは否定しないことが大切です。

せんきょの車

白鳥　香帆（３年）

このごろせんきょの車が
たくさん通る。

いろいろな人の名前を
言っている。

よく聞いていると、

「よろしくお願いします。」

「五千円ありがとうございます。」

と言っていたから
「五千円あげるのかな？」

と思った。

お姉ちゃんに聞いたら、

「ご声援って言ってるんだよ。

　応援することだよ。」

と言った。

「五千円あげなくてよかった。」

と思った。

感性を受け止めて

いやーすごい、すごい。よく気が付くなーと思わず感心しました。

「5千円」と「ご声援」。二つの言葉には微妙なずれがありますが、スピーカーの割れるような声で言われれば、なかなか区別できません。選挙期間中の大きな声は、うるさく感じるものです。集中して仕事をしているときなど、なおさらです。ですから、大人の多くは、耳を向けようともせずに閉め出し、「ご声援」という言葉がどう聞こえるかなんて、気にとめることもありません。

ところが香帆は違うのです。ウサギのようにしっかり耳をそばだてて「5千円ありがとうございます」と聞き取っているのです。

言われてみれば、あなたも、なるほど…という感じになるはずです。どうでしょうか。

お姉ちゃんの対応がいいですね。「何、バカなこと言って」なんて頭から否定せず「それはね…」とちゃんと説明してあげているのです。

感じた疑問や驚きを否定せず、受け止めてあげる。ここが大事です。

受け止めてもらえれば、子どもは自分の感覚に自信が持てるし、それが次の発見を生むのです。子どもの感覚を素直に出せる家庭の雰囲気が知的好奇心を育て、それが様々な問題を自ら解決しようとする力のもとになるのです。子どもを知的に育てるコツはこんなささいなところにあるのです。

クリスマス・イン・お寺

涌井　恵（6年）

うちの親戚はお寺だ。
お寺といえば仏教。
でも毎年家族で、
クリスマスパーティーを
やっている。
なくなった先代の住職も
毎年楽しみにしていたらしい。
世界中このノリだったら、
きっと戦争は起きないだろうな。

真っすぐな感性

日本人は宗教に対して寛容だとよく言われます。宗教に無関心な人が多い、という言い方もできるかもしれません。この詩は、そんなあいまいさに満ちた日本人社会を、お寺で毎年「クリスマスパーティーを／やっている」ところで見事に切り取っています。

「なくなった先代の住職も／毎年楽しみにしていたらしい」

このひと言が効いていますね。ついついほおの筋肉がゆるんできます。

子どもは大人より柔軟です。思わぬ角度から物事の本質をずばりとついてくることがよくあります。この詩を書いた恵もユニークな角度からものを見るのがとても得意です。目線の高さが大人と違うからいいのです。この詩で感心するのは、そんな真っすぐな感性で戦争の本質をとらえていることです。イラク戦争やパレスチナ紛争…。新聞やテレビから伝わる戦争や国際紛争の裏側に、宗教が大きな影を落としていることをしっかりと感じ取っているのです。

「世界中このノリだったら、／きっと戦争は起きないだろうな」。この結びの言葉から、私は、戦争は嫌だ、どうか平和であってほしいという恵の願いを感じます。あなたはどうでしょうか。

子どもの心は、真っすぐです。大人が思う以上に鋭く時代を感知し、表現するのです。

また、平和な時代を大人が創っていくことが、子どもの成長にも必要なのです。

年をとると

仁科　裕美（6年）

年をとると
大人は年をかくそうとする。
私は、
「はずかしいんだな。」
と思う。
別にかくさなくったっていいのに……。
年をとるとおばさんは
ハデなかっこうをする。
「みんなにアピールしたいんだな。」
と思う。
別にアピールしなくてもいいのに……。
なんか年をとると、
そんなばかりのような気がしてくる。

大人はもっと誇りを

大人の背中を見て育つはずの子どもから「年を取ると、そんばかりのような気がしてくる」なんて言われると、すぐ近くにいる大人の一人として、責任を感じてしまいますね。

「年をとると／大人は年をかくそうとする」

『はずかしいんだな。』／と思う」

うーん。その通りかも。多くの大人がいつまでも若くいたいと思っているのはその通りです。

「みんなにアピールしたいんだな」

年をとってハデなかっこうをするというおばさん観察も、なかなかいいところをついています。とはいえ、ここまで見透かされると、何か大人でいることがつらくなるような気もします。

でも、よ～く読むと、年をとっているからといって「別にかくさなくたっていいのに」「アピールしなくてもいいのに」とも言っているのです。

そうなんです。年をとるのははずかしいことではないよ、ありのままでいいんだよ、という大人へのあたたかいメッセージが込められているのです。自分にもっと誇りを持ってほしい、と大人を励ましているのです。まさか子どもに励まされるなんて思ってもみませんでした。

6年生ともなれば、大人が思う以上に人を見る目が育っているのだなあ、と改めて感じました。

お母さんのゆっくり

枝長　菜摘（3年）

お母さんと妹と私で、
買い物に行こうとした。
家でお母さんが、
「行くから早くして！」
と言ったから早くした。
お母さんを見たら、
のんきにけしょうをしていた。
その時に電話がかかってきた。
「もしもし、うーん、うーん。」
とか言っていた。
せっかく用意したのに、
夕方になったので
行けなくなった。
くやしかった。

すれ違い浮き彫り

思わず「そうだよなあ！」とうなずいてしまいました。私も小さいころ、同じような思いをしたからです。1時間くらい待たされるのは普通だったような気がしますが、皆さんはどうでしょうか。

菜摘の場合は、お母さんに「早くして！」と言われて「早くした」のに、待たされたのです。ストレスの度合いもかなり大きかったと思います。お母さんについて「のんきにけしょうをしていた」と書いていますが、わざわざ「のんきに」と加えているところに、イライラ感がでています。

間の悪いことに、「そのとき電話がかかってきた」というのですから、最悪ですね。けしょうがそろそろ終わるかな、と思った瞬間だったかもしれません。さぞかし電話が憎たらしかったでしょう。

「もしもし、うーん、うーん。」

長々と続く電話のおしゃべりの雰囲気と菜摘のイライラ感がよく伝わってきますね。

大人にとって買い物は単なる日常の一こまですが、子どもには大いなる楽しみなのです。たかが買い物、ではないのです。

「せっかく用意したのに、夕方になったので行けなくなった。くやしかった」

さりげない出来事を書いていますが、母と子の気持ちのすれ違いが見事に浮き彫りになっています。子どもの気持ちを大切にするとよく言われますが、結構むずかしいことだと思いませんか。

かみなり

山岸　里冴（4年）

この前、かみなりがなった。
私と弟はおぜんの下へいって
押し合いをした。
なぜかというと
かみなりが光ったからだ。
そのあとも
まどをずーっと見ていたら、
かみなりが光った。
「光ったー、光ったー。」
と言っておぜんの下へかくれた。
同じことを何回もくりかえした。
そのうちにお母さんのジュウタンがずれて、
ついにお母さんのかみなりが落ちた。
かみなりより
お母さんの方がこわいよ～。

こわいのはお母さんの目

暗い空いっぱいにとどろく不気味な音と強烈な光。かみなりは大人になっても、こわいものです。ちっぽけな人間にはとてもかなわない、まさに自然の猛威です。せいぜいできるのは、目と耳をふさいで、通り過ぎるのを待つだけです。里冴と弟が「おぜんの下へいって押し合いをした」と書いていますが、正確に言えば、食卓の下にもぐって、こわさから逃れたということなのです。

もっともそのこわさも初めだけです。そのあとは「まどをずーっと見ていた」というのです。こわいもの見たさ、という言葉の通り、里冴にちょっぴり余裕ができて「こわいけど、見たい」という気持ちに変化したことがよく分かります。

事態はエスカレートします。「光ったー、光ったー」と言っては下へかくれるころには、もうお遊び。「同じことを何回もくりかえした」のです。

お母さん、そんな里冴の気持ちの変化はすべてお見通しです。こわさから逃れて下へかくれている間は黙っていましたが、遊びになったとたんにお母さんのかみなりが落ちます。何とも見事なタイミングです。

「かみなりよりお母さんの方がこわい」と書いていますが、すべて見通していたお母さんの目が一番こわかったのでしょう。母はやはり偉大です。

お嫁さん

田中　浩之（3年）

ぼくは
お嫁さんはいらない。
だって夜おそく帰ってきたら、
「どこに行ってたの！」
とか
「こんなおそくまで
どこにいたの——！」
と聞かれるからです。
それにおさいふの中身を
勝手に使われたら
たまったもんじゃありません。
だからぼくは
お嫁さんはいりません。

強まる絆

「ぼくはお嫁さんはいらない」。小学3年生がためらいもなく言い切るなんてびっくりです。浩之の描く「お嫁さん」はとても怖そうです。

夜おそく帰ると、「どこに行ってたの！」「どこにいたのー！」と聞くというのです。どっちの言葉も「！」までついて、ちょっとやそっとでは許してもらえそうもありません。言葉の鉄砲で撃たれているような気がします。それだけではありません。お嫁さんに、おさいふの中身を勝手に使われるかもしれないというのです。確かに、怖いだけでなくお金も勝手に使われるというのでは、浩之が「お嫁さんはいらない」と言うのももっともです。

お嫁さんという言葉で小学生がイメージするのはだいたいがお母さんですから、この詩は、浩之のお母さんには相当なショックだったはずです。

子どもは感じたことをストレートに書きます。

お母さんの言葉の裏に、お父さんの健康への気遣いがあることなど気付きません。お母さんの厳しさばかりが目に入るのです。

お父さんのことも、家計のことも、ちゃんと説明してあげないと、子どもには分からないのです。自分が子どもにどう映っているか、たまには考えた方がいいかもしれませんね。

私だけ…

菊田　歩（4年）

私がお皿をわると
すごくおこられる。
だけどお父さんはお母さんが
お皿をわっても
だれもおこらない。
だから私はいつも
「なぜ私だけおこるの？
同じ人間なのに…。」
と思ってしまいます。
同じ人間がわったんだから、
もしお父さんがわっても
お母さんがおこってほしい。
お母さんがわったら
お父さんがおこってほしい。
私だけおこるのは、
やめてください！

大人の身勝手浮き彫り

大人は自分で思っている以上に身勝手なところがあります。なかなか気付きませんが、そんな大人の姿を見事に浮き彫りにしています。

大人は、いちいち相手の失敗をとがめていたら、スムーズな関係が結べないことを知っています。とりわけ夫婦の間では相手の欠点も含めて受け入れるようなところがあるので、ことを荒立てないのは生活の知恵のようなところがあります。

でも、そんな理屈は大人しか通用しません。「私がお皿をわるとすごくおこられる」「お母さんがお皿をわっても…おこらない」。確かにこれは理不尽です。

「なぜ私だけおこるの?」「私だけおこるのは、やめてください」と歩が言うのも当然です。

子どもは日々手探りで生きています。起こる様々な事態に、それまでにはぐくんだ自分なりの考えをぶつけ、一つ一つ確認しながら人生の物差しを作っているのです。

親は大人の代表です。親が自分の考えを認めてくれれば安心するし、そうでなければ自分なりの意見で親を厳しく見つめたりもします。「同じ人間なのに…」という歩の疑問は、それまでべったりだった親から自立し始めた証しなのです。親の痛いところを突くようになったら、子どもの成長と受け止めたいものです。また、それを受け止めるだけの大人の度量が試されるのです。

ママの病気

弓田　遼（3年）

ママが四十度の熱を出した。

ぼくはいつも以上にお世話した。

パパが電話で、

「いま、帰るよ！」

と言った。

ぼくはうれしかった。

「肩もんでー。」

とか
「足ふんでー。」

とかうるさいからだ。

パパが帰ってきた。
いろいろな物を買ってきてくれた。
ママは熱が出ているのにもかかわらず、
「あ！　酢イカだー。」と言って
モリモリ食べていた。
ぼくとパパは、
「元気じゃん！」
とつっこんだ。
ママは笑っていた。
ぼくは心の中で
「いいかげんにして！」
と思っていた。

子どもに甘えてみませんか

病気の時に甘えたいのは誰も一緒です。親が子どもに甘えたっていいじゃないかと思うのです。遼は、母親が「四十度」もの熱を出したことで、本当に驚いたのだと思います。「フーフー」言ってつらそうにしている様子を見て、一生懸命世話をしたのです。そう、「お父さんが帰ってくるまでは、僕の責任だ」とでもいうかのように…。そんなプレッシャーと戦っていたのですから、お父さんが帰ってきたときはさぞほっとしたに違いありません。でもそれは、お母さんも同じだったのです。だから酢イカをモリモリ食べ始めたのです。その様子を見てほっとしたお父さんと遼は「元気じゃん！」と突っ込みを入れるのです。何ともほほえましいですね。

病気に限らず、人なら誰でも気弱になることがあると思います。「大人だから子どもに頼らない」とか「私の力で子どもを幸せにする」などとあまり考えなくていいのではないでしょうか。子どもに弱いところを見せることも必要なのです。

人は誰も弱いところを抱えています。それでもいいんだと分かるだけで子どもはすごく楽になるのです。いつも「いい子」でなくていいのです。自然のまま、ありのままが一番いいのです。小さい時から、そうしたメッセージを伝えていきたいものです。子育てが苦しいと感じる人が多くなっているからこそ、力を抜いた子育てが良いのではないでしょうか。

車の中のいとこ

金子　竣（4年）

この前いとこの家に行った。
そのと中にいとこは
家から持ってきた
オニギリを食べた。
そしたら口に入れたまま
ねてしまった。
口はちょっと開いていて
その中から
オニギリが見えていた。
1時間ぐらいして
いとこが起きた。
そしたらまた食べ始めた。
きっと口の中で
おかゆになっていたと思う。

熟成するオニギリ

オニギリを詰め込んだいとこの口。それをじーっと身じろぎもせずに見つめる竣。2人の姿が目の前に浮かんできます。無理もありません。口におにぎりを入れたまま寝るなんて、めったに見られることじゃありませんから。それにしてもいとこはよっぽど眠かったのでしょう。

「口はちょっと開いていてその中からオニギリが見えていた」

口の中のおにぎりはどうなるのか、飲み込んだら息ができなくなるのではないか…。竣も心配でドキドキだったのでしょう。目に焼き付いた様子を見事に表現していますね。

「1時間ぐらいしていとこが起きた。そしたらまた食べ始めた」

不思議な光景です。時間が止まってしまったような感じがよ～く伝わってきます。

とどめは「きっと口の中でおかゆになっていたと思う」のひと言です。

よっぽどドロドロだったのでしょう。口の中で熟成するなんてどんな味だったのでしょう？

私は、猿が山の果物を木の穴で熟成させてつくるという猿酒を思い出してしまいました。

1時間もしっかり見ていることができたのは、いとこのことが大好きだからでしょう。みんなに守られて、食べ終わったいとこの満足した笑顔が見えるようです。

きっと私だったら、いとこの口の中に指を突っ込んでいたでしょうけど——ね。

お母さんのおこり方

阿部　紀子（4年）

私のお母さんは、
おこる時に
犬が首をふってるみたいな
おこり方をする。
たまに本気でおこると
ブルドッグが
首をふっているみたいな顔になる。
こわいんだけど、
ブルドッグを想像すると、
少し笑ってしまう。
泣いている時もこわいんだけど、
やっぱり少し笑ってしまう。
でもやっぱりこわい。

きずながあるから伝わる

紀子の冷静さにはびっくりです。おこられているのに、お母さんをしっかり観察しているのです。なかなかできることではありません。紀子のお母さんは、おしゃれで、とてもしとやかな印象の人です。そのお母さんが本気でおこると「ブルドッグが首を振っているような顔」になるなんてとても想像できません。お母さんの「犬が首を振っているようなおこり方」なんてどんな感じなのでしょう。文句を言いながら、頭を前後に振るのでしょうか。それとも顔がしわだらけになってしまうのでしょうか。見てみたいけど、ちょっと怖い気もします。

子どもはびっくりするくらい親のことをよく見ています。なかなかあなどれません。

こんなことまで詩に書けるのは、お母さんと紀子がうまくいっている証拠です。

「こわいんだけどブルドッグを想像すると、少し笑ってしまう」

紀子は、おこられても、お母さんから見捨てられるわけではない、という信頼があるから「少し笑ってしまう」こともできるのです。だからといってお母さんをなめているわけではありません。「こわい」ことに変わりないのです。きずながあるから、お母さんの本気もしっかり伝わるのです。きずなの土台は、幼少期からつくられるのですから、おろそかにできません。本音で泣いたり笑ったり怒ったりすることのくり返しは、大切なことです。

ツメがはがれた

山田　征弥（4年）

2年生の時
右手の中指を押したら、
白い液体が出てきた。
内科に行ったら、
「ツメがはがれそうです。」
と言われた。
心あたりはたくさんあった。
指サックをつけて帰った。
数ヶ月後、
ツメをとる日になった。
指サックをとったら、
指がニョロニョロだった。
ツメをとったら、
またツメがあった。
抜けた歯を入れる入れ物に、
入れていたら、
お父さんに
「こわいコレクターみたいだな。」
と言われた。
ぼくは全くそんなこと思わない。
だってツメがかわいかったんだもん。

子どもの感覚共有を

指から白い液体が出てくるなんて、征弥もびっくりですよね。不安でいっぱいになったはずですが「ツメがはがれそうです」というお医者さんの言葉でさぞほっとしたことでしょう。

数か月後。つけていた指サックを外したら「指がニョロニョロだった」というのです。ニョロニョロになったツメが指のように見えたから、ここでまたびっくり。お医者さんの処置で「ツメをとったら、またツメがあった」ことでようやく安心したのです。

見どころはこのあと。抜けたニョロニョロのツメを「抜けた歯を入れる入れ物」に入れたのです。お父さんは「こわいコレクターみたいだな」と突っ込みますが、ここが子どもと大人の感覚の大きな違いです。

分かりにくいでしょうが、子どもは、うんちやおならなど自分の体から出てきたものに、親近感を持っています。ましてや、何カ月もツメと向きあってきたのです。ニョロニョロが新しいツメを守ってくれたという思いだってあるのです。

「だってツメがかわいかったんだもん」という言葉が象徴的です。

子どもの話をよく聞けば、えーっ、そんなことを考えているの、という発見があるはずです。そんな感覚を共有できれば、子どもとつながることができるのです。

やきイモ屋

清田　英寿（4年）

外でいしやきイモの屋台が走っていた。
「やきイモ～、やきイモ～
やきトウモロコシ～」
とうるさかった。
マンションの前でとまって
ちょっと声が大きくなった。
こしょうかと思ったら
すぐに
「やきイモ～」
とまた声がした。
それからどんどん声が小さくなってくるから
見てみたら
もういなくなってた。
声がそのあと聞こえなくなった。
「やっとうるさくなくなったな」
と安心したとたんに
「やきトウモロコシ、食べたいな～」
と思った。

魔法の力

詩を読んで、私は思わず「そうだよなあ」とつぶやいてしまいました。「やきイモ～、やきトウモロコシ～」。こんな掛け声を聞くと、まるでやきイモ屋さんに魔法をかけられたような気分になるからです。聞くだけで、つばがあふれてくるのです。

英寿は、マンションに住んでいます。「いしやきイモの屋台が走っていた」というのですが、掛け声が聞こえたので上からのぞきこんだのでしょう。煙突から出ている煙が見えたかもしれません。

部屋に戻っても、魔法にかかった英寿はもう逃げられません。「うるさかった」「マンションの前でとまって／ちょっと声が大きくなった」「こしょうかと思ったら…また声がした」「声が小さくなってくるから／見てみたら／もういなくなっていた」

何のことはありません。口では「うるさい」と言いながら、やきイモ屋さんがいなくなるまで聞き耳を立て、チェックしていたのです。

これが魔法の力なのです。魔法といってもそうむずかしいことではありません。最後の「やきトウモロコシ、食べたいな～」でその秘密が分かります。

食べたいな～という気持ちが、耳をゾウのように大きくしていたのです。好きなものに目がないのは、大人も子どもも一緒ですね。

一人

佐藤　綾香（4年）

日曜日に、
一人でチーズケーキをやいた。
ほあんほあんにできた。
この前に、
クッキーもやった。
クッキーもじょうずにできた。
わたしも、
大人の仲間入りに
一歩近づいたかなぁ。

人生支える体験に

「ほあんほあん」にできたチーズケーキなんていいですね。しっとりふんわりで、ちょっと口にしただけでうっとりしそうなすてきな表現です。

綾香は、チーズケーキを自分の力だけで焼けたことが、よほどうれしかったのでしょう。なにしろ、詩の題名が「一人」なのです。いろいろお母さんから教えてもらったかもしれませんが、この日は「一人でやいた」のです。しかも「ほあんほあんにできた」のです。

どうだ、と胸を張る綾香の得意満面の顔が、詩の中から飛び出してきそうです。それだけではありません。「この前に、クッキーもやった」「クッキーもじょうずにできた」のです。「わたしも、大人の仲間入りに一歩近づいたかなぁ」という最後のひと言に綾香の高揚した心情が詰まっています。

どの親も子どもに生きる力をつけてほしい、と願っていますが、そうした力は、子ども自身が自らの体験を通して獲得するのが基本です。綾香のように、一人でできたという体験が自信を生み、次の挑戦に向かうことができるようになるのです。子どもにとって、自分でできた、分かったという体験は人生を支える大切な力になるのです。小さい時から、できそうなことは任せていくのが必要です。そこを土台にして、子どもはジャンプしていくのです。

ひみつきち

舟木　孝明（4年）

ぼくの家にはひみつきちがある。
そこには空間ができていて、
もうふもある。
たまに妹がケンカをうってくると、
ひみつきちにかくれる。
ぼくのひみつきちは、
ぼくのすみかだ！

自立促す大切な空間

家の中の「ひみつきち」は、「もうふ」まで用意した自分だけの場所。どんな「きち」なのでしょうか。押し入れの中でしょうか。それとも、自分の部屋の隅に囲いをつくってだれも入れないようにしているのでしょうか。

子どもが自立するには、大人の干渉のない時間と場所が必要です。秘密基地は、子どもが自分のことを自分で決める大切な空間なのです。

かなり前ですが、5年生に秘密基地の面白さを伝えたら、男子が1階建ての銀行屋上に段ボールを持ち込み、秘密基地を作ったことがありました。すぐに見つかり、学校に電話が入りました。

私は彼にこう言いました。「なんで見つかるようなところに作ったんだ。そんなのは秘密基地じゃない。今度は見つからないところに作れ」。怒られるとばかり思っていた彼は、初めはぽかんとしていましたが、意味が分かるとニカッと笑ったのです。

子どもはみんな、だれにも邪魔されない自分だけの場所を作りたいのです。子どもがそんな行動に出たときは、成長に必要だと受け止めて、大事にしたいものです。

大人はいつの間にか、子ども心を忘れています。自分の子ども時代を思い出し、子どもの行動や言動を見てあげることが自立を促すことにつながるのです。

周りと関わる子どもの〝流儀〟を読み取ろう

どうでしょうか。最初の「ボディービルダー」からして、アッパーカットを受けたような気分だったのではないでしょうか。

子どもたち二人が、パンツ一丁で鏡の前でボディービルダーの真似をしていたら、父親が乱入して真似を始めました。それで終わらず、母親まで乱入したのですから、すごい家族だと思いませんか。

「お母さんのマイク」では、一緒にスプレーをマイクにして歌うのです。そして、「おバカな親子！」と言って笑い合うのです。

子どもたちは、このように一見バカバカしいことを一緒にやってくれる大人を求めているのです。また、「あじ」という詩に見られるように、大人が「当たり前」と思っていたことを突っ込まれると、大人がタジタジとなってしまいます。

ユーモアは、真っ直ぐ物事を見るだけでは生まれません。ちょっと角度を変えて見る時に生まれるのです。これを「ズレ」の面白さと言います。「あじ」だけでなく、「ぼくの名前」「聞き間違い」「せんきょの車」なども、そうした「ズレ」た視点で見たからこそ生まれた詩です。

また、ユーモアは、非常に知的な作業と言われています。事実をしっかりと見つめ、更にその本質をするどくとらえ、常識から少しずらした視点から描いていく。これほど、難しい作業はありません。「クリスマス・イン・お寺」などは、まさにそれにあたります。仏教を信仰していながら、クリスマスを楽しむ。それだけでなく、「世界中にこのノリが必要だ」と言い切るのです。世界の紛争の原因の一つに「宗教戦争」があることを学んだからこそ、出てきた詩です。一つの出来事と別の出来事をつなげて、全く新しい視点を提供しているのです。

子どもは、大人の「当たり前」をそのまま受けとめません。そうした柔軟さが、社会を発展させていく力になるのです。「ユーモア」は世界を救い、幅広い視点を提供する力を持っているのです。この第1章では、そんな力を感じ取ってほしくて、これらの詩を選びました。

今、子育てや教育に悩むことが多くなっています。親・教師・保育者とも、「こうあらねばならない」から脱却し、子どもの面白さを楽しんでみたらどうでしょうか。きっと子どもへの新しい愛情が生まれるはずです。有名な言葉に、「今までだれ一人として教育に成功した人はいない」というのがあります。不完全な人間が不完全な子どもを教えるのですから、そこには不完全さが伴うのです。完全ということは、そこには変化や成長が止まった状態を言うのです。

第2章

子どもの世間・人間関係

人間の面白さ、人間関係の深さ

人間というものは、見れば見るほど面白いものです。意外な行動や意外な考え方をするものです。3年生が書いた次のような詩があります。

暗証番号

白浜　優（3年）

ママのけいたい番号には暗証番号があるらしい。
でもママはその暗証番号を忘れたため、
電話会社に聞きました。
そのふうとうがきのうとどいて
お父さんが開けてみました。
暗証番号は「お父さんとお母さんの結婚記念日」でした。
それを見たお父さんはママに、
「お父さんのことを愛してるんだ。」

と言いました。
ずるとママは、
「何言っちゃってんのよ。その日から私の不幸が始まったのよ。」
と言いました。
お父さんとママが
仲がいいのか悪いのかよくわかりません。

お父さんとしては「暗証番号が結婚記念日」だったなんて、感激だったはずです。それなのに、「その日から私の不幸が始まったのよ」などと言われるのですから、たまったものではありません。それを見ていた子どもも、驚いたと同時に、「人間って不思議だなぁ」と思ったことでしょう、

一人の人間の中に様々な側面が同居しているのが、人間という存在です。だから、人間は面白いのだと思うのです。この章では、そんな人間の多面性を発見することができるのではないかと思っています。

弟

辻村　綾乃（6年）

私には九カ月の弟がいます。
翔という名前です。
生まれた時に、
へその緒が巻き付いていたから、
息が止まっていました。
でも看護師さんが、
足をマッサージしたおかげで、
息をしはじめました。
現在は「暴れ金太郎」になっています。
だって、物を破壊するし
すごい声を出します。
それに人妻には目がありません。
（女には目がないということ）
でも寝顔とか寝起きの顔とかが
かわいいので、
私はそんな弟が大好きです。

小さなお母さん

弟は、生まれてたった9か月というのに、なんておませなのでしょう。

本当は、他のお母さんに抱かれて、気持ち良さそうにしているだけなのでしょう。それを、「人妻には目がない」と表現するのですから、読んでいるこちらはなんだかドキドキです。

弟は、他のお母さんに突進するのでしょうか。抱っこしてほしくて、ズリズリと寄っていくのでしょうか。どちらにしても、ものすごい迫力がありそうです。

赤ちゃんが、自分の魅力を存分に使いこなしているイメージがしっかり伝わってきます。

弟が生まれたのは綾乃が5年生のときです。

「へその緒が巻き付いて…息が止まっていました」「マッサージしたおかげで、息をしはじめました」

何とか無事に生まれてほしい、と心配した様子がよく分かります。無事な赤ちゃんの顔を見たときには、本当にうれしかったのでしょう。「暴れ金太郎」という表現もいいですね。暴れても、物を破壊しても、大好きなのです。

弟の「寝顔がかわいい」なんてまるで小さなお母さんのようですね。弟をかわいがる綾乃の気持ちが伝わってきて、私の気持ちも温かくなりました。

お兄ちゃん

佐藤　悠希（6年）

この前お兄ちゃんが、
口を開けて
ソファーで寝ていた。
だからお兄ちゃんの口の中に、
小さいブドウを入れて
遊んでいた。
その後小さい氷を持って来て、
水滴をたらしていた。
そしたら寝ているお兄ちゃんが、
口の前の氷をパクっと食べて
ガリガリとかじり始めた。
お兄ちゃんは
起きていると思ったので、
ちょっとたたいてみた。
だけど本当に寝ていた。
すごく楽しい遊びだった。

つながり深める遊び心

お兄ちゃんは本当に寝ていたのでしょうか、それとも寝たふりをしていたのでしょうか。読む方が、どっちだろうか、と謎に引き込まれるような詩ですね。

とても仲がいいのでしょう。寝ているお兄ちゃんの口に、ブドウを放り込むんですから、かなりのものです。二人の間に相当な信頼感があるからこそできるのです。この詩は、いたずらした悠希の側からも寝ていたお兄ちゃんの側からも読めるところが、ミソです。

悠希に身を置いて読むと、お兄ちゃんの開けた口が目の前に浮かんでくるようです。きっと相当なドキドキ感を味わったに違いありません。「すごく楽しい遊びだった」とわざわざ書き加えたのですから。

だけど、人間の舌はとっても敏感で、氷から水がたれてくればたいていは気が付きます。だからこそ、お兄ちゃんは「口の前の氷をパクッと食べ」たに違いありません。

それでも弟の冗談に付き合って寝たふり？　をしてくれたのです。入れ込んで鼻の穴をふくらませている悠希をみて、調子を合わせてくれたのでしょう。いいお兄ちゃんです。

こんなかわいいだましあいは人を温かい気持ちにしてくれます。兄弟姉妹で遊び心を共有する中で、つながりは深まるのです。親はそっと見守るだけでいいのです。

かき氷

浅田　麻里奈（6年）

お姉ちゃんは
小さい時に、
お祭りでかき氷を買った。
うれしそうに歩いていたら、
いきなり転んで
そのまま一回転した。
かき氷がこぼれただろうと
当然思っていたら、
かき氷はそのままだった。
お姉ちゃんは最強だ！

強まる絆

「お姉ちゃん、すご〜い。すごすぎる！」。読んで、思わずこう叫びそうになりました。

こんなことができるなんて奇跡です。新体操の選手が、高く投げたボールを、回転してピタッと手に収めるシーンが浮かびます。でも、お姉ちゃんが持っていたのはボールじゃなくて、かき氷なんですから、もっともっとすごいのです。お姉ちゃんは、どんな回り方をしたのでしょう。かき氷だけ上に飛ばして、キャッチしたのでしょうか、それともおなかに抱えてものすごいスピードで回転したのでしょうか…。想像がふくらんでワクワクします。

ポイントは、お姉ちゃんがかき氷を「買った」ところにあります。「買ってもらった」のではないのです。なけなしのお小遣いで買った大事な宝物のかき氷だからこそ、回転しながらも守ったのです。小さいお姉ちゃんより、もっと小さい麻里奈にも、体を張ってかき氷という貴重な宝物を守ったお姉ちゃんの行為がしっかり染みこんだからこそ、こんな詩も生まれたのです。

「お姉ちゃんは最強だ！」

このひと言で、お姉ちゃんへの尊敬のまなざしが伝わってきます。こんな小さな出来事の積み重ねで、姉妹の絆が強まっていくのです。兄弟姉妹の仲の良さは、互いの体験を認め合うことで生まれます。その体験を認め合うように促していくことが、親や大人の大事な役割でもあるのです。

弟と自転車

熱田　将（3年）

弟がやっと
自転車に乗れるようになった。
少しえらそうに、
「ぜったいころばないよ！」
と言っていた。
はじめてぼくと二人で走った。
ぼくが先頭に走って
とっても気持ちがよかった。
「ガチャン！」と音がしたので
ふりかえったら、
弟がころんでいました。
「今日は調子が悪いみたい。」
と弟が言った。
ぼくは大笑いしたくなったけど、
がまんした。

お兄ちゃんの思いやり

はじめて自転車に乗れたときのうれしさは格別です。

小さい子にとっては、最初におそるおそる自転車にまたがるところから、大冒険なのです。

幼稚園児の弟は、何度も何度もころび、泣きべそをかきながらやっと乗れるようになったに違いありません。風を切って走る自分に「お兄ちゃんと同じことができるんだ」と誇らしい気持ちでいっぱいになったはずです。

そんな気分が「ぜったいころばないよ！」という言葉になって出たのでしょう。

将もまた、弟を心のどこかで応援していたはずです。弟のがんばりがうれしいのです。

「はじめて…二人で走った。とっても気持ちがよかった」

二人で並んで走るとき、将は、戦隊ヒーローのリーダー気分だったのでしょう。

そんな気分も、弟がころんだ「ガチャン！」という音でふっ飛びます。

弟のひと言がふるっています。「今日は調子が悪いみたい」。ころばない、と宣言した手前、引っ込みがつかなかったのでしょう。そんな弟を見守る最後の言葉がいいですね。

「ぼくは大笑いしたくなったけど、がまんした」

弟のプライドを傷つけまいとする兄の思いやりに、思わずジーンとしてしまいました。

朝の仕事

須田　朱音（3年）

私は毎日朝の6時半に起きます。
起きてすぐにパンを食べます。
パンを食べながら、
テレビを見て
天気よほうを見て、
今日着ていく服を決めます。
7時半になると、
お兄ちゃんを起こします。
お兄ちゃんは夜おそくねるから、
すぐに起きてくれません。
大声を出して
おなかをくすぐって
足をくすぐって…。
私の朝の仕事は、
たくさんありすぎて
学校に行く前からへとへとです。

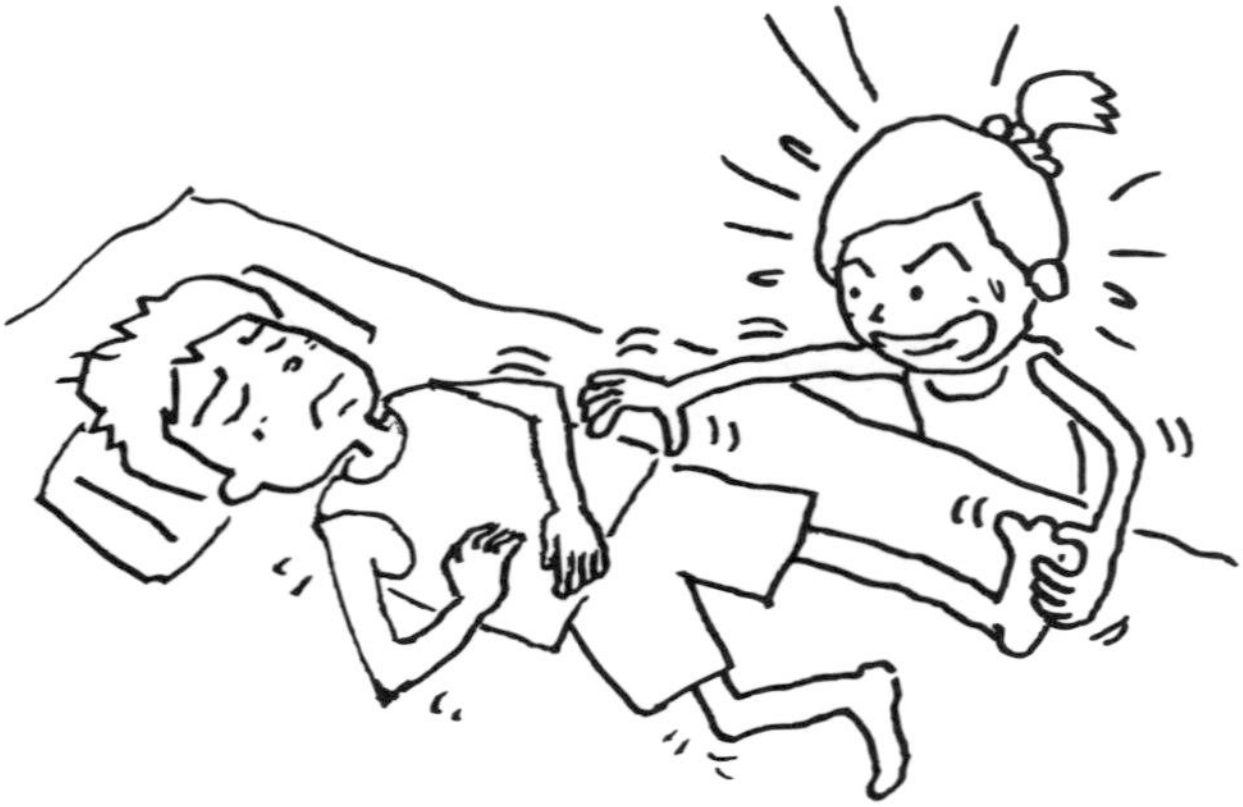

頼りにされる経験

小学校3年生の朱音の朝が、くっきり浮かんでくる詩です。目を覚ます。パンを食べ、テレビの天気予報で服を決める。1時間の間に、これだけのことをぱっぱとやるのですから、大人なみですね。ところが、お兄ちゃんは妹とは対照的で、朝、なかなか起きられないというのです。「7時半になると、お兄ちゃんを起こします」。自分の支度をしたあと、お兄ちゃんを起こすのが朱音の仕事だというのです。「夜おそくねるから」と、とがめるような言葉もあります。このあたり、お兄ちゃんへの目線は、小さなお母さんのようなところもあるようです。

でも起こし方を見ると、仲良しの兄妹であることがよく分かります。「大声を出して」「おなかをくすぐって足をくすぐって…」と、どなるだけでなく、じゃれあい作戦も登場します。小さい頃からの付き合いをフル動員しているのです。

朝は「へとへとです」と書いていますが、それだけ家族から頼りにされる存在なのです。このような頼りにされる経験は、自分の価値を実感させてくれます。それが人生を支える自己肯定の感情につながるのです。今はコロナ禍で人との距離をとらなくてはいけません。人との交わりが制限されることでの影響は大きく、あとあと響くのではないかと心配です。「コロナ世代」と言われるようになるかもしれません。

寝る時

田中　浩之（4年）

ぼくと弟はいつも、
寝る時にフトンに入っても
すぐにねむれない。
だから体力をしょうもうするため
たたかっています。
マクラ投げをしたり、
パンチやキックをしています。
たたかっていると
のどがかわくので、
氷を食べます。
そのたびに
「早く寝なさい！」
としかられます。
それを2～3回くりかえします。
それでやっとねられます。

手加減を覚えるチャンス

子どもはエネルギーのかたまりだと頭では分かっていましたが、ここまでくるともうあきれるしかありません。

「寝つけるように、体力をしょうもうする」と書いていますが、私には、あとから付けた言い訳にしか聞こえません。本当は、闘いごっこをしたくてたまらないのです。フトンに入ったとたんに2人の目はギラギラ輝き始めるに違いありません。マクラ投げ、パンチ、キック…。そのあげくに「のどがかわくので、氷を食べる」と言うのですから、いかに激しいか、分かりますね。

兄弟の部屋は2階。ドッスン、バッタン…。階下の人はさぞうるさいことでしょう。「氷を食べる」たびに「早く寝なさい」としかられているようですが、当然です。でも兄弟は意に介している様子がありません。大相撲では、相撲が長引くと「水入り」でいったん休憩しますが、浩之たちの場合は「氷入り」でしょうか。

えーっ、と思わず読み返したのは最後のくだり。「それを2～3回くりかえします。それでやっとねられます」というのですから、恐るべきパワーです。

とはいえ、闘いごっこもけんかも、相手への手加減を覚えるチャンスです。体をぶつけ合うコミュニケーションの体験は、子どもが育つ上でとても大切なことなのです。

水風船

田中　智弘（6年）

野本和也君と中島君とぼくで
公園で水風船で遊んだ。
水風船の中に
大きいのが二つ入っていた。
それを二つ持って
和也君が水道に走っていった。
ぼくが中島君に、
「かず、絶対
『オッパイ、ボボヨーン』って
やるよね。」
と言ったら
「おれもそう思う。」
と言った。
和也君を見ていたら
二つの水風船をつなげてきて
「オッパイ、ボボヨーン！」
とやった。
ぼくと中島君は大笑いした。
近くにいた赤ちゃんづれの人まで
笑っていた。
はずかしかった。

余裕を持って見守る

夏の暑い日に、水を入れた風船をぶつけ合う。「水風船」という題を見たときは、そんなイメージでした。ところが智弘たちの遊びは、水風船二つつなげて「オッパイ、ボボヨーン！」だというのです。思わず大笑いしてしまいました。それだけではありません。3人がテレパシーでつながっているような言葉のやりとりにも感心してしまいました。

和也君が水風船を二つ持って水道に走っていったときです。「かず、絶対『オッパイ、ボボヨーン』ってやるよね」（智弘）「おれもそう思う」（中島君）。二人の予想はドンピシャ当たり。和也君は風船二つつなげて、「オッパイ、ボボヨーン」とやったのです。

心と体が大人に向かって大きく変わる6年生ですから、異性への関心が高まるのはごく自然なこと。この時期だからこそ生まれた作品と言ってもいいでしょう。

「近くにいた赤ちゃんづれの人まで笑っていた」「はずかしかった」

智弘は顔から火が出るほど恥ずかしかったのでしょうが、大人から見れば、何ともほほえましい光景です。

異性が気になるのも自立に向かって順調に育っている証拠です。余裕をもって見守りたいものです。

トイレの救出劇

佐藤　悠希（6年）

ぼくが2階のトイレそうじの時、
大便の方が一つ
トイレットペーパーが入っていなかった。
それに気付かなかった1年生の子は、
そのまま中に入ってしまった。
だからぼくが一生懸命背伸びして、
「トイレットペーパー届く?」
と言いながらトイレの上から
トイレットペーパーを出した。
そしたら1年生が、
「手放してもいいよ。」
と言ったのでぼくは放した。
それを1年生がキャッチしたらしく
普通に出てきた。
あのときなんとなく、
自分がレスキュー隊に
なっているような気分になった。

役に立つのが大好き

1年生はよっぽど切羽詰まっていたのでしょう。トイレットペーパーがあるかどうかも確かめずにトイレに駆け込んだのですから。アブラ汗が出ていたかもしれません。

ようやく間に合ってすっきりした1年生。今度は冷や汗が出てきたはずです。

「紙がない!!」。トイレットペーパーがないことを知っていた悠希が、瞬時に「助けなきゃ」と思ったのは、同じように困った昔の自分が重なったからでしょう。

「一生懸命背伸びして…」という言葉に、悠希の思いがぎっしり詰まっています。

1年生にすれば、まさに奇跡が起こった気分でしょう。どんなものより価値があるトイレットペーパーがするすると上から降りてきたのですから。悠希の声は、神の声に聞こえたはずです。

つかめそうになったのを確認してから手放した心配りもさすがです。

「自分がレスキュー隊になっているような気分になった」

この言葉に、満足感があふれています。1年生は普通に出てきただけなのに、こんな表現が出るのは、悠希の思いがそれだけ大きかったからですね。

子どもは人の役に立つのが大好きです。自分の存在が確認できるし、「自分もまんざらでもないな」と思うようになるのです。まさに「情けは人のためならず」なのです。

小さいころのこと

秋山　千鶴（3年）

私が小さいころ、
デパートのトイレに入った。
そしたら全部ふさがっていた。
だから私が、
「こんこんこん、
だれかさん。
くさ～いうんこをしているね。」
と歌った。
そしたら、
「くさ～いうんこができました。」
と聞こえた。
だれかと思って見ていたら、
私の友だちの
高木やすよちゃんだった。

下ネタで子どもを解放

なんておおらかなやりとりなんでしょう。

「こんこんこん、だれかさん。くさ〜いうんこをしているね」と歌ったら、「くさ〜いうんこができました」と返ってきたというのです。ふさがっていたトイレ。しかもデパートという場所で、答えてくれたのが友達という偶然の巡り合わせも、不思議な気分になりますね。

私には「おむすびころりん」というおとぎ話の場面が浮かんできました。おじいさんが山で食べていたおむすびがころがり、ネズミの穴に落っこちた。のぞき込むと中から「おむすびころりん、スットントン」という声が…。どっちも軽やかで楽しそうなやりとりですね。

「ユーモア詩」のいいところは、おしっこ、おなら、うんこなどの話を堂々と表現できるところです。最も多く取り上げられるテーマでしょう。

ちょっとすました小学校5、6年生は別ですが、4年生ぐらいまでは、みんなこういう話が大好きなのです。なにせ、自分の体から出た「分身」ですからね。小さい子どもほど、こうした感覚を強く持っています。品が悪いと眉をひそめるかもしれませんが、こうした下ネタが自由に話せるようになると、子どもはすごく解放されます。ビックリするほど言葉が躍り出し、自由で伸びやかな表現が生まれるのです。もちろん、作文の力もぐーんとアップします。試してください。

二年三組はうんこクラス？

比留間　直輝（4年）

最近妹は、
うんこにはまっている。
例えば道にうんこがあると、
「あっ、うんちょ。」
とか
「あっ、うんこ君。」
などと言って、
うんこの絵ばかり描いている。
それも「鳥うんこ」や「ぶたうんこ」
「おっさんうんこ」や「ねこうんこ」
「はげつるうんこ」など
きりがないほど種類がある。
なんと冬休みに持ってかえってきた
図工の絵をとじた表紙にも
うんこの絵が描いてあった。
だからなんでうんこがいいのか聞いたら、
「私のクラスの
二年三組のほとんどの人が
はまっているよ！」
と言っていた。
ぼくは
「うんこなんかにはまるなよ～。」
と思った。

子どもの感覚を楽しもう

子どもの素朴な感覚がいいですねえ。想像するだけで私の口もとは、ゆるんでしまいます。びっくりしたのは、「うんこ」の表現の豊かさです。

「鳥うんこ」「ぶたうんこ」はまだしも、「おっさんうんこ」「はげつるうんこ」となると、頭の中にいろんなうんこの形が浮かんできて止まらなくなります。しかもそのユニークな表現が「きりがないほど種類がある」だけでなく、絵もついているというのですから、うれしくなってしまいます。いったい、どんな絵なんでしょうか。ぜひとも見たいものです。

子どもにとっては、自分の体から出てくるうんこ、おしっこ、おならは、自分の分身です。道にあるうんこを「うんち君」と友だちのように呼ぶのも、そんな感覚を映しています。

妹の2年3組では、うんこに「ほとんどの人がはまっている」というのもいいですねえ。きっとこのクラスには、とてもおおらかな空気が流れているのではないでしょうか。「うんこの力」で、子ども同士の間にあるとげとげしさが一掃されているはずです。子どもの自然な感情を大切にする先生の思いも伝わってきますね。

私がユーモア詩を大切にするのも、子どもの感覚を共有できるからです。それを一緒に楽しむことが、子どもをおおらかに育てるもとになると思うのです。

先生のあみだくじ

田中　優花（6年）

ウチのクラスの全員は、
先生に
牛乳の片づけをやらせたい。
だから先生が
じゃんけんとかで負けると
みんなが喜ぶ。
私の班にも先生が来た。
みんなで作戦を立てたけど、
うまくいかなかった。
すると先生は、
「ズルいのは嫌いだ！」
と言って
自分であみだくじを作り始めた。
恵ちゃんが線を一本引いた。
そして班員五人と先生一人で
あみだくじをやった。
最後に私と先生が残った。
すごいドキドキした。
そしたら先生が牛乳当番に当たった。
やっぱりみんな喜んでいた。

心を開く

給食の牛乳紙パック容器。片付けは、班ごとにじゃんけんで負けた人がやるという決まりでした。それが思わぬ落とし穴になったのです。

「先生も牛乳を飲んでいるんだから、じゃんけんに参加すべきだ」。優花の班の一人が言い出したら、あっという間に班全員が賛成です。「先生はみんなの世話をしているのだから、いいだろう」と抵抗しても聞いてくれません。仕方なくじゃんけんに参加したら、班全員がぐるになってグーを出して負けてしまったのです。

私は「こんなずるいやり方は認めない」と、対抗してあみだくじを作ったのです。「これなら当たる確率も下がるから大丈夫」なんて思っていたのですが、ところがどっこい、最後に私に当たってしまったのです。そのとたん、クラス全員がギャハハハと大喜びし、私はくやしくてたまりませんでした。

でも一方で、これでいいんだ、という思いもありました。この詩を読んで、その気持ちはいっそう強くなりました。子どもは、時には自分と同じ目線で接してくれる大人を求めています。本気で泣いたり、笑ったり、悔しがったり…。そんな姿を見せてくれる大人にこそ、子どもは心を開くのです。いつも高いところから見ている大人なんて望んでいないのです。

ぼくのくせ

佐藤　大吾（4年）

ぼくは机に落書きをしています。
こないだ
「かなりむかつく
おどっているおじさん」
を書いた。
かなり上出来だったから、
（消さないで！）
と自分で書いた。
けど授業中に
算数をやっていると、
机に書いたおじさんが
じっと見ているように思えて、
自分で消した。
ぼくは
書かない方が良かった。

落書きの傑作

落書きというのは、こっそり描くのが基本です。先生に怒られる、というスリルがあるからこそ、やめられないのです。私も含め、多くの人が小さいときに、やったことがあるはずです。

どんな絵だったんでしょうね。大吾が「かなり上出来」「消さないで！」とまで言うのですから、よほど傑作だったに違いありません。何より「かなりむかつくおどっているおじさん」というネーミングには想像力をかき立てられます。おじさんは、酔っぱらっていたのでしょうか。ねじり鉢巻きでもしていたのでしょうか…。「かなりむかつく」というのはどんな様子なのでしょう。すべて謎です。目の前においしそうなケーキが出ているのに食べさせてもらえない気分です。

興味深いのは「おじさん」がもう1人の自分として登場しているところです。自分を律するもう1人の自分が誕生するのがちょうど4年生くらいと言われています。

「おじさんがじっと見ているように思えて、自分で消した」

落書き自体は悪いことかもしれません。でも大吾には、自分のやったことについて善悪の判断力がしっかり育っているのです。ここを見てほしいのです。大吾の人間的な成長に、私は大いなる安心を感じるのです。反省では子どもは育ちません。内省（自分で自分の行為をとらえ直すこと）こそが、子どもを育てるのです。

パジャマ

中野　正貴（6年）

ぼくは朝起きて、
いつものように
学校のしたくをした。
うちのお母さんが、
朝からどなって
「いつまでパジャマ着ているの！」
と言った。
ぼくは着替えたはずなのに…。
それでぼくは学校に行った。
そしたら友達が、
「それ、パジャマでしょう。」
と言ってきた。
「なんでパジャマで学校に来てるの？」
どうやらぼくは、
気がつかないうちに、
パジャマからパジャマに
着替えていたらしい。
でもまぁ、いいか。
パジャマに見えないから…。

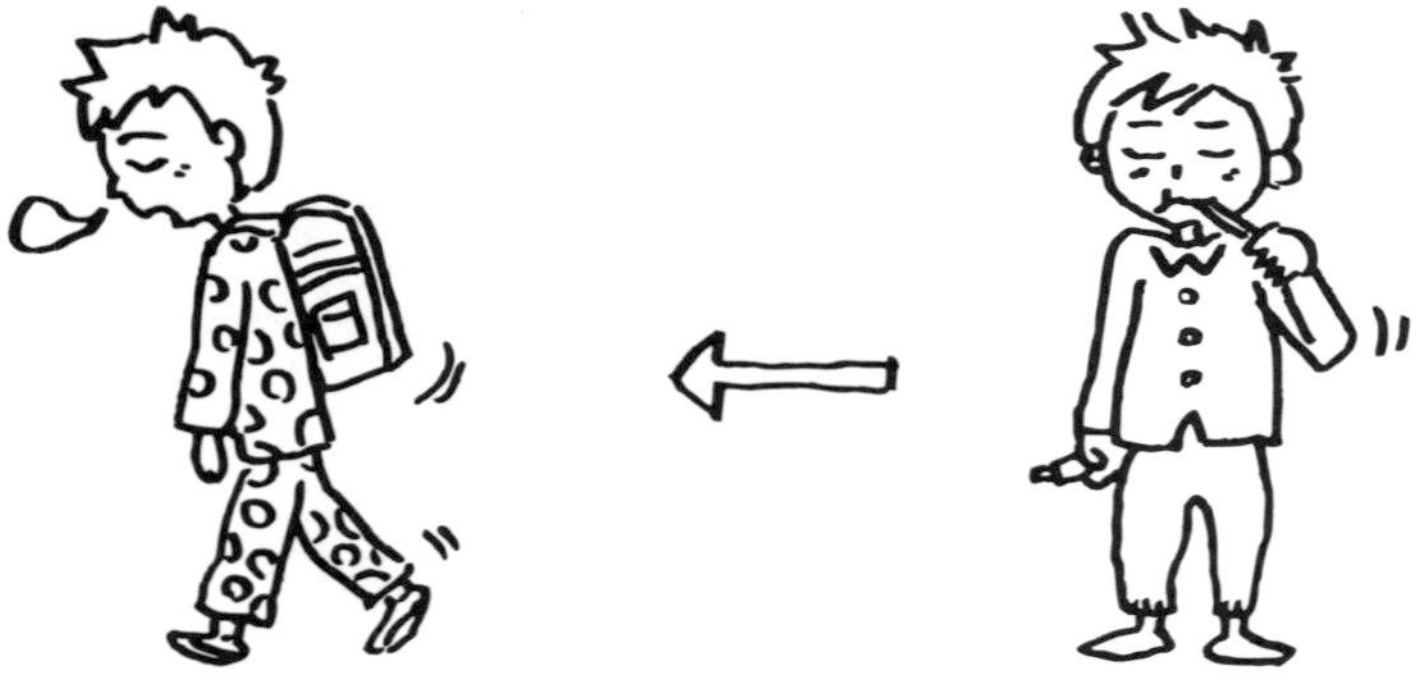

失敗と向き合う力

教師人生のなかで、間違えて弟のパンツをはいてきたという話は、よく聞いたことがあります。でもパジャマのまま登校したのは、正貴がはじめてです。

「オイ、それパジャマじゃないの?」「先生、違うよ。普通の服だよ」

あまりに堂々としていたので、つい「あっ、そう」と疑いもせずに受け流してしまいました。詩を見てようやくいっぱい食わされたことに気付いたのです。

それにしても、登校途中、だれかに言われなかったのでしょうか。正門を通り越して教室までたどり着いたなんて信じられません。多分一番の理由は、当の本人が気付いていないからでしょう。気付いていないから、堂々と自然体でいられたのです。だからこそ、見る人は、ちょっと変わったズボンとシャツだと思い込んでしまったのではないでしょうか。

感心したのは分かったときの正貴の反応です。

「どうやらぼくは、パジャマからパジャマに着替えていたらしい」「でもまぁ、いいか。パジャマに見えないから…」

普通ならいたたまれなくなるはずですが、動揺もせず平然としています。失敗に正面から向き合える力がしっかり育っているのです。また、失敗を受け流す力が育っていくことも大切です。

ねぞう

辻村　綾乃（6年）

私のねぞうはすごい。
夏休みに妹が
「一緒に寝て～。」
と言ってきた。
仕方がないので一緒に寝た。
朝になったら妹が
体を痛そうにしていた。
なんでか聞いてみたら、
「お姉ちゃんが突き落とした～。」
と言った。
実は二段ベッドの二階から
妹を突き落としたみたいだった。
でも妹が落ちた下には、
フトンが先に落ちていたらしいので、
ケガをしなかったそうだ。
そういえばこの前一緒に寝た時も、
フトンを妹から取り上げ、
さらにパンチを何発かくらわせたそうだ。
この時私は
ボクシングで優勝した夢を見ていた。
私のねぞうは「すごい」じゃなくて
「こわい」かな？

人を育てるスキンシップ

突き落とされても、パンチをくらっても、それでも一緒に寝たいなんて、妹は、綾乃のことが好きで、好きでたまらないんですね。

それにしても、2段ベッドから突き落とすなんて、ぞーっとします。先にフトンが落ちていて助かったなんて、なんて運がいいんでしょう。それとも、綾乃が無意識にフトンを先に落としたんでしょうか。ちょっと話ができすぎという気もしますが…。

パンチをくらわせた時の夢がまたスゴイじゃないですか。なんと、ボクシングで優勝する夢だったというのですから…。思いっきり腕を振り回したはずです。こんな綾乃の攻撃を無事に切り抜けた妹も、たいしたものです。普段からよっぽど鍛えられているのでしょう。

綾乃はとてもおおらかで、一緒にいる人をほっとさせてくれます。妹もそんな綾乃のぬくもりに包まれると心が安らぐのでしょう。小さいお母さんみたいですね。

スキンシップたっぷりの2人はとっても仲良し。妹はお姉ちゃんに癒やされているようですが、実は綾乃も妹に癒やされているのだと思います。

綾乃がおおらかでいられるのも、家族の温かさに支えられているからです。豊かなスキンシップが子どもの優しさを育て、他者との関係をうまくとれる子どもにしていくのです。

ぼくのひみつ

永田　優介（4年）

ぼくは将来、
世界を守る人になりたい。
この前主人公が悪いやつをたおして、
世界を守る映画を見た。
ぼくは、
「かっこいいなぁ。」
と思った。
でもこのことは、
はずかしいからないしょだよ。

年相応の自己認識も

「ぼくは…世界を守る人になりたい」。子ども時代にこんな夢を見た人も多いでしょう。私があこがれたスーパーマンも「悪いやつをたおして、世界を守る」ヒーローでした。

正義の味方は、子どもの遊びにしっかり組み込まれています。幼稚園や保育園では、ヒーローやヒロインをイメージした「たたかいごっこ」は、定番です。

「たたかい」ですから、1人ではできません。身体をぶつけ合う中で、時には泣いたり、泣かしたり、痛い思いをしたり…。エスカレートしてケガをしないか、と心配した親も多いでしょう。

でも子どもはそんな遊びを通して、相手への思いやりや、「ここまでは大丈夫だ」という手加減を学んでいくのです。ヒーローになりきってポーズを決める子どもの姿が頭に浮かびますが、本気で遊ぶからこそ身につくのです。優介はヒーロー映画を見た後この詩を書いていますが、よほど気分が高揚していたのでしょう。しかし4年生ともなると、だんだん仮想と現実との差がはっきりして、ヒーローも色あせてきます。

優介が最後に「このことは、はずかしいからないしょだよ」と書いているのは、友達にばれたら幼稚園児みたいで恥ずかしいという年齢相応の自己認識がしっかり育っているからです。そうした子どもらしさの同居があってよいのです。

子どもは相手のことをこんなに見ている・考えている

子どもは、大人と同様にリスペクトすべき一人の人間です。ユーモア精神にあふれた温かみのある親や大人に囲まれて生きていける子どもたちは幸せだと思います。毎日安らかな気持ちで過ごせて、情緒が安定しますし、自然と自己肯定感も育っていきます。

しかし、子どもは親だけの力で育っていくのではありません。兄弟姉妹・友だち・親戚など、たくさんの人々の力で育っていくのです。そして、人間を深く観察したり、理解する能力が育っていくのです。次の4年生の詩を見てください。

一番変わったこと

野木　佑希（4年）

一番変わったことは、
友だちみんなに
やさしくできるようになったことです。
なぜなら自分の思っていることが

上手に相手に伝えられるようになったし、
相手の事も少しわかってきたからです。
話した事がない人や「やだな！」と思っている人でも、
詩に書いてあることが
おもしろかったりすると、
その人の事が好きになります。
どんな人でも
やさしい心を持っているんだと
思うようになりました。
だからぼくもみんなに
やさしくすることが
できるようになったんだと思っています。

この詩を読むと、詩を綴りながら人間理解を深めていっている様子がよく分かっていただけるのではないでしょうか。
「弟」では小さい時の様子を描き「人妻には目がないけど大好き」と言っていますし、「かき氷」

ではお姉ちゃんがかき氷を持ちながら転んだにもかかわらずこぼさなかったことを描いています。きっと「すごいなぁ～」と目をクリクリさせたことでしょう。

「弟と自転車」では、自転車で転んだにもかかわらず「今日は調子が悪いみたい」という言葉に笑いをこらえているお兄ちゃんらしさが伝わってきます。

最高なのは、「水風船」です。思春期に入りかけている6年生らしい様子とそれを詩に堂々と書く開放さが同居していることが、すごいと思うのです。

その他にも、他者との関係性を描きながら、人を見る洞察力を高めているのです。人って、「おもしろい」「豊かだ」「持ち味が多様なんだ」、そうしたことを理解していくように促していくのが、私たち大人の役目なのだと思うのです。

教育の一番大切な役目は、「人間の多様性を教えること」と「その多様性を認める許容力を育てること」なのではないでしょうか。民族・宗教・考え方、どれをとっても難しい問題です。これからの社会に必要な力は、会話力ではなく対話力（違った考え方の人とも話し合える力）なのです。

第3章

子どもの好きなモノ

子どもはこんなことが好きでたまらない！

人間というものは、見れば見るほど面白いものです。意外な行動や意外な考え方をするものです。

３年生が書いた次のような詩があります。

ママのおなら　　　鈴木　優花（３年）

「ゆか、ゆか、ここ見てー。」とお母さんが言った。／だから近くに行ったら、ママがオナラをした。／そしてママは自分のオナラを／「ジャスミンのかおり。」と言った。／それに、「オナラは愛情だよ。」と言った。／先生、本当にオナラは愛情なの？

この後、次のような詩が出てきました。

おじいちゃんのおなら　　　鈴木　優花（３年）

ゆかとおじいちゃんと／おばあちゃんとともやで／しゃくじい公園に行った。／ゆかはおじいちゃんと手をつないだ。／そしたらおじいちゃんは、／私の手を自分のおしりにつけた。／「どうするのかな？」と思っていたら、／ゆかの手にオナラをした。／それって愛情なのかな？／増田先生、どう思う？

この後が傑作でした。両方とも詩ノートに書かれていたのですが、2つめの詩のあとに赤い字でこう書いてあったのです。

「増田先生、確かに私はよくおならをしますし、『ジャスミンのかおり』などと言います。でも実は私も自分の父（おじいちゃん）によくおならをかけられていました。そのたびに私も『おならは愛情だよ』と言われてきました。この〝おならをかける〟という行為は、おじいちゃん・私・優花と連綿とつながる我が家のしきたりみたいなものなのです。だから、優花もきっとこのしきたりを受け継いでくれるものと思っております」

このコメントで、私は大笑いをしてしまいました。笑いのある家庭には、柔らかさがあります。子どもを包み込むような慈愛に満ちた優しさがあります。そうした柔らかさや優しさが、子どもをゆったりとした子に育てていくのです。

ウンチの最高記録

佐藤　大吾（4年）

この前ウンチをしていたら、
かなりでかいのが出た。
友だちが自慢していた
太さ五㎝、長さ二十五㎝を
余裕でこしていた。
「博物館に出したいなー。」
と思いましたが、
そんな博物館は百%ありません。
結局流しました。
ちょっと残念でした。

ぜひともギネス記録を

子どもはウンチが大好きです。「ぼくのピラミッド」というこんな詩もあります。

ぼくが3才の時、／トイレに行きたくなった。／だからトイレでうんちをした。／そしたらピラミッドみたいな／うんちだった。／ぼくはとっておきたかった。（3年、熱田将）

博物館行きか、ピラミッドか。どっちもすごい迫力です。記念に残したいという気持ちが、すご～くよく分かります。

ウンチは健康のバロメーター。こんなストレートな感覚に出合うと、しっかり観察するのはいかに大切か、教えられた気分ですね。

一歳児が自分のウンチを流す時に「ウンチさん、バイバイ！」と言っていました。子どもにとって、ウンチやおしっこ、おならは分身なのです。そんな気持ちで付き合うと、子どもの世界がよ～く見えてくるのです。実はここがユーモア詩の一番得意な分野なのです。

「Dr.スランプ　アラレちゃん」というアニメがありました。主人公はロボットですが、道ばたのウンチを見ると小枝でツンツンするのです。ロボットにはウンチができないので、ウンチそのものが不思議なのです。そんな感覚を共有できるアニメだから、子どもたちに大人気だったのです。

あなたも、立派なウンチでギネス記録（あるのかな？）に挑戦してみませんか？

鼻水の記録

後藤　容司郎（4年）

ぼくがアパートに住んでいたころ、
駐車場で遊んでいたら、
弟がマンホールの上で
くしゃみをした。
そしたら鼻水が、
片方の穴から出た。
見ると鼻水が
マンホールまでとどいていた。
そのあともう一回
くしゃみをした。
そしたらもう片方の穴から
鼻水が出て、
マンホールまでとどいた。
それをすっていた。
僕は鼻水の大記録だなと思った。

貴重な子ども時代

弟の鼻水を見て「すごいなぁ〜。鼻水の大記録だな！」と感じる柔らかな感性に脱帽です。鼻水が汚いと感じるのは大人の感覚です。容司郎にとっては、かわいい弟の身から出たものですから愛着さえ感じるのです。鼻水がマンホールにまで届いたり、それをすすって元に戻したり…すごい技じゃないですか。「鼻水の長さ比べを、オリンピック種目にしたらどうだろうか？」。詩に引き込まれた私はこんなことまで考えてしまいました。年齢別で競争させたら…なんて思うだけでゾクゾクします。こんな詩もあります。

朝の集団登校の集合場所で／みんなが集まっていた。／すごく寒くて息が白かった。／だれかがそれを友だちにかけて／「ゴジラ！」なんて言っていた。／それからみんなで白い息をかけあい／ゴジラごっこが始まってしまった。

寒い朝の白い息から口から火を吐くゴジラを連想し、「ごっこ」に変換できる自在な感性がすばらしいのです。さりげない出来事を遊びに変える柔らかい心を、硬直した大人の発想で閉じ込めたのでは、子どものすばらしさは見えません。自在な遊び心を発揮できる場や機会が失われていないか、とても心配です。子どもの詩を読むたびに、貴重な子ども時代を奪っていないかと考え込んでしまいます。

はずかしい

青野　弘志（3年）

7時ごろにだれもいないのを確認して
道路の真ん中でズボンを下げてみた。
最初は風があたっていい気持ちだった。
でも、だんだんはずかしくなった。

冒険通し、自分を確認

みずみずしい子どもの感覚があふれています。心の動きが伝わってきて、多くの人に小さいころの思いを呼び覚ますような力のある詩です。「だれもいないのを確認して、道路の真ん中でズボンを下げてみた」。小さな冒険です。勇気を出して「よ〜し、やるぞ」という声が聞こえてくるようです。私も小さいときにやったことがあるんです。道路でなく、森の中でしたが、下半身に風を当てたその瞬間の気持ちよかったこと。この詩を読んで、直ちに記憶がよみがえったのですから、かなりの冒険だったのでしょう。男の人なら、小さいときに一度はやったことがあるのではないでしょうか。やらないまでも、やりたいと思ったはずです。

「でも、だんだんはずかしくなった」と、われに返るところも、分別が芽生えてきた3年生らしいところです。冒険する一方で、冷静に見ているもう一人の自分が育っているのです。

子どもは「お試し」が大好きです。いろいろなことをやってみたいのです。やる中で新しい自分を発見するのです。とどまることを知らない好奇心も、大人になるためのエネルギーです。大人にとってはバカバカしいと見えることも、本人にとっては大切なチャレンジです。自分を確認しながら一歩一歩、成長していくのです。そのバカバカしいことを大人がつき合ってあげれば、もっと成長していくに違いありません。

お兄ちゃんといとこ

坂江　周平（４年）

ずっと前おばあちゃん家で、
いとことお兄ちゃんが
戦いごっこみたいな事で遊んでいた。
そうしたら急に
お兄ちゃんが
「ノーパンになってみよう！」
と言った。
そしたらなぜかいとこまで
ノーパンになった。
その後何度もお兄ちゃんが、
「周ちゃんもやれば！」
と言ってきた。
でもぼくはやらなかった。
ノーパンって
そんなに気持ちがいいのかなー？

ノーパンの魔力

「ノーパンになってみよう！」。お兄ちゃんのこのひと言で、いとこまでノーパンになったのです。口をあんぐりしてびっくりしている周平の姿が浮かんでくる生き生きした詩です。ノーパンには、人を誘い込む不思議な魔力があります。小学校低学年の水泳の時間。着替えの時には、ノーパンで動く男の子が必ずいるのです。

ある時、何人かの男子が、ノーパンのまま廊下を走る競争をするという出来事に出くわしたことがあります。クラスを飛び出し、3つのクラスの廊下を抜けてその先にある壁にタッチして戻ってくるのです。なんと審判までいたのですが、驚いたのは判定するのが、走る早さでなく、「どっちのチンチンが勢いよく振れていたか」というのです。

わいわい言いながら「A君だ」「B君の方だ」などとバカバカしいことをうれしそうにやっているのです。あんまり楽しそうなので、私もやりたくなってしまいました。

周平が「ノーパンってそんなに気持ちがいいのかなあー？」と書いていますが、心の中には既に「やってもいいかな？」という気持ちが生まれているのです。

私がノーパンに郷愁を感じるのも、日常生活から解き放ってくれるノーパンの魔力のせいに違いないのです。

ブラジャー

澤田　拓海（4年）

この前ひまだったから、
母ちゃんのタンスをあけてみた。
そしたらブラジャーがあった。
ぼくはシャツをぬいで、
ブラジャーをつけた。
鏡で見たら
すごく大きかった。
「ぼくはおっぱいは
こんなに大きかったかなー？」
と思ってしまった。
母ちゃんに気づかれなくて
よかった。

成長を確かめる

こっそり、タンスをあけている拓海につい自分を重ねてしまいました。「見つからないだろうか？」。拓海はドキドキだったに違いありません。読んでいる私にまで伝わってくるようです。

「シャツをぬいで、ブラジャーをつけた」。わざわざシャツをぬぐこの探求心。「つけたら、どんな感じなのか？」。長い間、抱き続けた疑問にようやくたどり着いた感じがよ～く出ています。たいていの男の子は、一度はやっているのではないでしょうか。４年生といえば、性差をだんだん意識するようになってくるころです。注目したいのは、結びのひと言です。

「母ちゃんに気づかれなくて／よかった」

母親と一体化していた幼い自分に別れを告げて、だんだん自分の世界をつくり始めている拓海の心の成長ぶりが見事に表されています。たかがブラジャーをつけただけ、とばかにしてはいけません。自立に向かって自分を確かめる貴重な作業なのです。

お母さん方にお願いです。もし息子が自分のブラジャーをつけているのを見たら、怒らないでください。「つけ心地はどう？」なんて聞いてみてほしいものです。どんな返事が返ってくるか、とても楽しみだと思いませんか。

くさい

富重　裕也（6年）

家のごはんの時間に、
お母さんが
「お父さんが外の車で
足を出して昼寝していたら、
足の上に鳥が乗ったんだって…。」
と言った。
おじいちゃんが、
「なんでだと思う？」
と聞いてきた。
だからぼくが、
「足がくさいから！」と答えたら
みんなが大笑いした。

言葉の力

「車で足を出して昼寝するお父さん」というのは、よく目にする光景ですが、その「足の上に鳥が乗った」なんて聞いたことがありません。

ちょっとでも動いたら、鳥が乗るはずもありません。お父さんは忍者のようにピクリともしなかったのでしょう。驚いたお母さんが、ごはんの時間にわざわざ話を持ち出したのも、お父さんのすごさを子どもに伝えようと思ったからでしょう。一緒にごはんを食べていたお父さんもきっと、「へぇ～、すごいじゃん！」なんて反応が出るのを期待していたはずです。

そんなとき、おじいちゃんの質問が状況を一変させました。

「なんでだと思う？」。そう聞かれた裕也の答えは、

「足がくさいから！」

まさかそんな答えが出てくると思わなかった家族はみんな大笑いです。裕也のひと言は、けた外れの衝撃力がありました。家族全員がノックアウトされたような気分だったでしょう。

たぶん、お父さんの足はふだんからよほどくさいのでしょう。家族みんなが裕也のひと言に納得し、爆笑してしまったのです。言った裕也もびっくりしたかもしれません。

子どもの何げない言葉には秘められた爆発力があるのです。

節分っておもしろい

村松　雅哉（4年）

今日は節分だった。
妹のれながすごく楽しみにしていた。
それでお父さんが
オニのお面をかぶって外に出た。
だからぼくは、
「ハゲは外！」と言って豆を投げた。
それからお父さんが
ズボンとパンツをさげて、
「ワォー」とか言っていたら、
近所の人がドアを開けようとしたので
お父さんがダッシュでもどってきた。
節分っておもしろいな。

笑いつながりは不滅です

「あ〜、あの詩ですか」。私も、お父さんもこのひと言で大笑いです。雅哉の担任を離れてから何年もたっているのに、「あの詩」で分かってしまうところが、すごいですね。ちょっと電話で話しただけで、長い空白が一瞬で埋まってしまうのですから。笑いでつながった関係は不滅です。お父さんは、単なるユニークという言葉を超えています。

雅哉は3年生のときに「バラの花」という詩を書いています。

このあいだ父さんが／バラの花をオシリにたてにさしていた。／妹がぬこうとしたら父さんが、／「ダメ！」と言ったので／妹はとらなかった。／でもしばらくして妹は／バラの花を本当にぬいてしまった。／父さんは「イテテ…。」と言った。／ぼくは父さんと妹はバカだと思った。／どうやってバラの花をオシリにさすのだろうか？　私は、まじめに考え込んでしまいました。節分の詩もそうです。何でパンツとズボンを下げる必要があるのでしょうか？　人の気配でダッシュで戻るお父さんなんて、おもしろくて涙が出そうです。

なのに雅哉は「節分っておもしろいな！」とサラッと受け流しているのです。どうしてでしょう。お父さん、普段はもっとすごいのかもしれません。ひとみをキラキラさせて何かをたくらんでいるお父さん。考えるだけでうれしくなりますね。

こま犬

石附　裕次郎（3年）

今日、はつもうでに行った。
するとお兄ちゃんが、
「あのこま犬、
なんとなく
鼻水をたらしているように
見えるなー。」
と言った。
見てみたら、
こま犬の鼻の下に
鳥のフンがついていて
鼻水みたいに見えていた。
だから家族で大笑いした。

子どもの発見、認めて

子どもは、好奇心のかたまりです。小さな違いや変化を発見し、そこから自在にイメージを広げる力を持っています。

鳥のフンというのですから、小さな黒いかたまりでしょう。それがこま犬の鼻の下についていることに目を付けるなんて、なかなかのものです。しかもそれを「鼻水をたらしているように見える」というのです。経験をもとにこう表現したのでしょうが、うまいたとえだなあ、と感心してしまいました。だれもが「鼻水をたらした」経験があるはずです。頭の中に、場面がくっきりと浮かんでくるのではないでしょうか。

子どもの「発見」を大笑いした、という家族もすばらしいですね。「汚い」とか、「バカなこと言うな」なんて怒られることも多いと思いますが、裕次郎の家族はそうではありませんでした。「発見」の価値をちゃんと認めて、しかもみんなで大笑いしてくれたのです。

子どもが何気なく気付いたことは、大人から見るとくだらないと思うことが多いように見えるかもしれませんが、気付きの中身に踏み込むと、大人の固定観念を突き崩す発見が結構あるのです。

発見の価値を認めてもらう体験を通して、子どもには「自分はこれでいいんだ」という自己肯定の気持ちが育まれ、それが、人生の大切な支えになるのです。

夜のトイレ

野口　沙汐利（6年）

夜の2時ごろに
トイレに行きたくなった。
少しこわかったので、
家中電気をつけて、
こわくないようにした。
でもトイレに入ったら、
こわいことを考えてしまった。
しばらくすると、
変な音がトイレの外からした。
急いでトイレから出て、
手を洗った。
でも音が続いていたので、
よーく聞いてみた。
なんとその音は、
「換気扇」だった。
安心したけど、
ちょっぴり残念だった。

安心が成長のもと

夜中の2時ごろ、昔で言えば丑三つ時です。「草木も眠る…」と言われ、お化けが出やすい時間と思われてきました。そんなときに目が覚めたら、たいていの子どもは不安になります。

沙汐利と同じように「家中電気をつけ」まくった経験のある人も多いはずです。

沙汐利は「少しこわかった」と書いていますが、相当びびっていたのでしょう。トイレに入っても、「変な音がトイレの外からした」と気になって仕方がありません。ドアの前にお化けがいたら…とでも考えたのでしょうか。次々と怖い想像が浮かんで、押しつぶされそうな感じです。

ところがトイレが終わったとたんに、なぜか沙汐利に、怖さと向き合う力がわいてきます。

「音が続いていたので、よーく聞いてみた」「なんとその音は『換気扇だった』」

ついに、音の正体を突き止めてしまうのです。時間がたって普段の自分を取り戻したからでしょうか、落ち着いて辺りを見渡す余裕が生まれたのです。

最後のひと言はもう別人のようです。

「安心したけど、ちょっぴり残念だった」

恐怖に縛られているうちは、子どもは力を出せません。安心こそが子どもの成長のもとなのです。恐怖や不思議の正体を知ることは、子どもの力を思った以上に伸ばすものなのです。

おもしろかった

山田　和希（3年）

ぼくは今日、
伊貝君と小島君とで遊びました。
最初は小島君の家で
遊ぼうとしていたけど、
つまらなかったので、
「うちに来ればパラダイスだよ。」
と言ったので、
ぼくの家に行きました。
そしたらお母さんが、
「しょうじをやぶる。」
と言いました。
だからえんぴつでしょうじに
言葉を書いたり、
パンチをしたりして
気持ちがすっきりした。
本当におもしろかった。

感情を解放する体験

「うちに来ればパラダイスだよ」。こんな誘い方をされたら、だれだって断れません。「えっ、何があるの?」って、期待がふくらんで、ドキドキしますよね。私もこのひと言でくぎ付けにされました。

そこにお母さんのひと言がずしんと響きます。「しょうじをやぶる」。普段ならちょっとでもやぶったりしたら「何やってるの!」とこっぴどく叱られるのに、それを「やぶる!!」というのですから、びっくりです。子どもにとっては、これ以上の「パラダイス」はないでしょう。

やってはいけないことをやるのですから、ぞくぞくするような快感を味わったはずです。

「えんぴつでしょうじに言葉を書いたり」「パンチをしたり」

実際、詩に出てくるのも、普段やってはいけない、と言われていることばかりです。

ビリビリ、バシバシ…。音が聞こえてくるようです。上気して、鼻の穴もふくらんでいたはずです。私も、子ども時代に戻って参加したい気分になりました。

最後は「気持ちがすっきり」です。潜んでいた破壊的感情を解放したからこその「すっきり」なのです。こんな非日常的体験をすると、自分でも気づかなかった感情に気づくことができるし、それを解放してコントロールする力もついてくるのです。

定規

村上　学（3年）

給食が終わった時、
ぼくの定規が
先生のところにありました。
その定規は、
ぼくが鬼怒川温泉ロープウェイ
というところでもらったものだ。
角度を変えると
絵がいろいろに変わる。
先生がなかなか返してくれないから、
ぼくが、
「変だな〜？」
と思っていたら、
先生がぼくの定規を
角度を変えて遊んでいた。

面白がる心を

いやあ、とんでもないところを見られてしまいましたね。たまたま落とし物入れにあった定規を見たのが運のつきです。山の風景が描いてあり、ピカピカ光っていました。角度を変えると、ロープウェイが浮かび上がったりして、つい引き込まれてしまったのです。

給食が終わったばかりで、気がゆるんでいたのかもしれません。

気がついたら持ち主の学がじっと見ていたのです。近づいてきたので定規を渡しましたが、学は、今にも「ヒッヒヒッヒ…」と笑いだしそうな顔をしていました。

実は私は、子どもたちに「授業中に定規で遊ぶな」なんて言っていたのですから、バツの悪いことこの上ありません。まさに「穴があったら入りたい」気分でした。

でも、詩を読んで安心しました。学は、なぜか私に親近感を覚えたように感じたからです。「ぼくが面白いと思った定規を先生も面白がっている」ということでしょうか。

子どもとつながるいちばんの方法は、面白さを共有することだと感じています。抽象的な「子ども理解」という言葉より、ずっと中身が濃い気がします。

詩を学級通信に載せたあと「先生、言っていることとやっていることが違う」と子どもに突っ込まれたのは言うまでもありません。

弟ってすごい?

並木　勝也（4年）

こないだ弟が外を走っていました。
弟が
「ぼく、すごいのできるよ!」
と言いました。
弟は走りながらぼうしやクツも
ぬぎました。
そしてクツ下もぬげて
ズボンもぬげました。
それから弟はぼくに、
「まっ、お前じゃできねーな。」
と言いました。

そんなのやりたくねーよ!

一生の宝

勝也は帰るとすぐに同学年の友達と遊びます。1年生の弟は、その仲間に入りたくて仕方ないのですが、いつもチビ扱いされてくやしくてたまりません。勝也にできないことをやって自分がもう一人前である、と言いたかったのでしょう。

そこで考えたのが、走りながら全身すっぱだかになるという方法です。あれよあれよという間に服を脱ぐのですから、なかなか技がいるのです。

実際、それはそれは見事で、周りはあぜんとするしかなかったそうです。お母さんは「恥ずかしかったけど、幼いし、何て言っていいかわからないので、笑うしかなかった」と言っていました。さてさて、兄と弟のメンツをかけた熱い闘いです。対抗心をむき出しにできるのも、兄弟姉妹のいいところです。「まっ、お前じゃできねーな」という言葉に弟の気持ちが詰まっていますね。

私は勝也に「君も負けじと服を脱いでいって、二人で『はだかマン』なんてやったらおもしろいと思わない」とけしかけました。すると勝也は、「そんなバカバカしいことできるわけない」と言いながら「絶対やりたくない」という感じでもありませんでした。

子どもはこんなバカ話が大好きです。バカバカしいことを、親子で真剣にやれる時間は、実はすごく短いのです。でもそれが一生の宝になるのです。

お父さんの攻撃

丸山　毅（5年）

夜になって、
妹がお父さんにつっこんでいった。
甘えたいみたいだった。
それからお父さんの攻撃がはじまった。
まずくすぐり攻撃。
妹は大笑いしていた。
次に妹をつかまえて、
自分のあごをすりすりした。
とてもいたそうな、くすぐったいような…。
妹は笑いながら、
「いた～い！」
とさけんでいた。
とどめは妹を持ち上げて
さかさまにしてふっていた。
妹はまだ笑っていた。
おそろしい。

動くジャングルジム

ひげの生えたお父さんのあご。すりすりしたらきっと痛いはずなのに、妹は笑っている。子どもは、お父さんと触れ合うのが楽しくて仕方がないのです。

お父さんにつっ込んでいく妹に自分を重ねているお兄ちゃん。「とてもいたそうな、くすぐったいような…」という表現がありますが、妹の気持ちが手に取るように分かるのです。

一方で、自分もやりたいけど、もう5年生だから、と自制する複雑な気分も伝わってきますね。成長しているのです。

子どもは、お父さんの体を道具にして遊ぶのが大好きです。お父さんによじ登ったり、ひざの上に乗ったり。お父さんの体は、動くジャングルジムなのです。しかも、持ち上げたりくすぐったりと、たくさんのサービス付きです。どこの遊園地のアトラクションより優れているのです。

「子どもとどう接していいか分からない」という親が増えていますが、まずは子どもとそっと手のひらを合わせ、体温を感じ取ってみてください。喜んで握り返してくるこぶしの力の強さに驚くことでしょう。頭で考えて悩む前に、体を使った遊びから始めたらどうでしょう。

はじめから完ぺきな親なんかいません。子どもと一緒に試行錯誤する中で、親も一人前の親に育っていくのです。それでよいのです。子どもと触れあえる時間は、とても少ないのです。

におい

永井　里奈子（3年）

私はお母さんのニオイが
大好きだ。
でもニオイは
ある所だけしかついていない。
それはまくらだ。
そのニオイは
あまくてふわふわとしているニオイだ。
私はそのニオイをかぐと
すごく気が落ち着く。
おこられた時も悲しい時も…。
でもまくらをほすと
ニオイが消えてしまう。
その時はすごくガッカリする。
だけど次の日には
またニオイがついている。
でもどうしてあんなに
いいニオイがするのかなー？

愛された記憶が力に

「私はお母さんのニオイが大好きだ」

初めのひと言にお母さんと里奈子の関係が凝縮されています。

「あまくてふわふわしている」「ニオイをかぐとすごく気が落ち着く」

そうです。里奈子にとってお母さんのニオイは、安心の源なのです。小さい時にかわいがってもらった記憶とつながるから安心できるのです。もちろん、お母さんも、お父さんも、赤ちゃんのニオイをかぐことで幸せになったはずです。親子はニオイを通してつながっているのです。

人間は、ぬくもりを求める動物です。ぬくもりとニオイは子どもの心の奥底に刻まれ、「自分は自分でいいんだ!」という自己肯定につながり、他者と向き合える自信になります。

だから、小さい時に子どもをうんと抱きしめてほしいのです。それは必ず、ニオイやさまざまな思い出とともに、困難に立ち向かう勇気を奮い立たせてくれるのです。

大きくなると、親ができることは限られます。しかし、小さい時に、愛され抱き締められた経験は、子どもの人生を支える力になるのです。

子どもとあまり触れあおうとしない親が増えていると聞きます。

子どもが困難に立ち向かう力が失われてしまうのではないかと心配です。

子どもは好きなものと関わりながら成長する

この章の中にある「はずかしい」という詩では、道路の真ん中でズボンを下げたことが書かれています。実は、私も小学校の時に同じようなことをしたことがあります。まあ、私の場合は森林浴だったのですが…。

この感覚は、体験した人でなければ分からないかもしれません。私は、子どもの詩を読みながら自分の子ども時代の記憶が湯水のようにあふれ出てくるのを感じることができました。

それと同時に、「へぇ～、こんなところに目をつける子どももいるんだ！」と感じることも数多くありました。

ここに出てくる詩は、「ウンチ」「鼻」「ノーパン」「ブラジャー」など、どちらかというと、「言っちゃいけません！」と禁止したり、大人が顔をしかめるようなことが題材となっています。しかし、そうしたことを受けとめる度量が大人の側に必要なのです。

並木君の「弟ってすごい！」という詩を読んだ時、私は「面白い、見てみたい」と言いました。すると、しばらくして「いいよ！」と返事があったので行ってみたのです。すると、道路でやってくれました。服を全部脱いで「どう、すごいでしょ！」と見せるのです。なんと50秒ぐらいで全裸になってしまったのです。私は思わず、「すごいねぇ〜、たいしたものだねぇ〜」と褒めまくりました。

その2週間後のことです。お兄ちゃんから「弟が技に磨きをかけたので、見に来て欲しいそうです」との伝言が届きました。すぐさま行ってみると、またまた道路でやってくれました。今度は、半分の25秒ぐらいで出来てしまったのです。「すごいねぇ〜、もうここまでくると名人芸だね。誰にも真似できないよ！」と更に褒めまくったのです。

この時、弟は年長さんでした。とてもやさしいのですが、少々ごんたくれで、対応に困っていたそうです。しかし、このことで弟は変わっていくのです。

「僕は、小学校の増田先生に褒められた。だから、小学校ではちゃんとできるはずだ！」と思ったのです。

小学校入学後、彼はちゃんと席に座り、授業をきちんと聞いているのです。また、体育も一生懸命やっていました。その結果、4年生では運動会でクラス対抗のリレーの代表選手になり、なんと6年生では児童会長になってしまうのです。

私はただ単に、「裸になるのが早い」ということを褒めただけなのです。しかし、そんなバカバカしいことでも褒めてもらうことが、今の子どもには必要なのかもしれません。それは「あなたの感じていることは間違っていないよ！」というメッセージを伝えることになるからです。

大人から見たら、下品だったり、つまらなかったりすることでも、子どもはバカバカしいことを本気でやっているのです。それを褒めてあげることで、どれだけたくさんの子どもたちが救われるかしれません。

親も教師も保育士も、とても真面目です。真面目が悪いわけではありません。「子どもの目線に立つ」とよく言われますが、大人はそのまま上の位置にいて「わかってやってるぞ！」と言った形が多いように思うのです。たまには肩の力を抜いて、子どもと一緒にバカバカしいことをやってみませんか。きっと、子どももそうした大人に心を開いてくれるはずです。

第4章

子どもを健やかに育てる秘訣

受けとめることが子どもを育てる第一歩

それにしても、お父さんというのは、どうしてこうバカバカしいことを平気でできるのでしょうか。かくいう私も、子どもの前でバカなことをやっていました。

「変態お父さん?」の山崎さんは、特にすごい人でした。詩に書いてあることだけではありません。酔った時に玄関までたどり着けず、車庫のところでパンツ一丁で寝ていたことがあるのです。また、パンツを間違えるお父さんやプラモデルに夢中になるお父さんの姿も描かれています。子どものような感覚を持ち続けられるお父さんは、子どもとつながりやすいのではないでしょうか。

香帆の「パンツ」に登場するお母さんは、大変おおらかな人です。でかいパンツのことを書かれても、「恥ずかしくないのでいいです!」と言い切るのですから…。

私のことも、子どもはよく書いてきますが、一つだけ紹介したいと思います。

エースをねらえ!

福島　綾華(4年)

日曜日に、ゆりなちゃんと遊んだ。/学校でテニスのかべうちをしたら、ゆりなちゃんが、/「ボールに集中しろ!!」/と宗方コーチのように言った。

だから私は、／「はい、コーチ！」とひろみのように言った。

そしたら今度は、／「ふりがあまくてよ、ひろみ！」とお蝶夫人のように言った。

だから今度は、／「はい、お蝶夫人！」／とまたまたひろみのように言った。

もし増田先生がお蝶夫人みたいに、／「ふりがあまくてよ！」／と言ったら気持ち悪いな。


これ、ひどいと思いませんか。親もたくさん書かれていましたが、教師である私のことも書かれていました。親は、「増田先生もあれだけ書かれているんだから、自分たちの書かれていることなんて可愛いものだ」と言っていました。

子どもたちの表現を保証するためには、大人の側の度量が必要なのです。特に、自分の欠点などを指摘されたりすると、ムキになってしまいます。そうした表現も含めて受けとめることが、親・保育士・教師には必要なのです。時として、子どもはとても鋭い指摘をすることがあります。それを、「生意気なことを言って。自分はどうなの？」と返すのではなく、「すごいなぁ」「よく見ているなぁ」と受けとめる必要があるのです。それが、子どもを健やかに育てるコツなのです。

変態お父さん?

山崎　太一（6年）

ぼくのお父さんは、
予想以上に変人だ。
サッカーをしている時は、
みんなの前で
ジャージの下の穴のあいた股の所を見せている。
仕事から帰ってくると
パンツ一丁になる。
もっとやばいのは、よっぱらう時だ。
いつもと違う声でしゃべったり、
いろいろな変態行為をする。
一番すごいのは、
朝ぼくが起きた時に、
お父さんがリビングの真ん中で
全身素っ裸でうつぶせになって寝ていた。
ぼくは笑いたかったけど笑えなかった。
なぜならこんな驚きは、人生初めてだからだ。

心育てるおおらかさ

ここに出てくる山崎君のお父さんは単身赴任中でした。学級詩集を読んでこんなメールが送られてきました。

「本日手元に届きました。妻から「先生のプレゼント」とメモが入っていましたので、楽しみにしてさっそく中身を拝見させてもらいました。

ぶっ飛びました！　腰が抜けるとはこの事をいうのかくらいに…。子どもの目は怖い！　でもすべて事実なので何も反論できません。かといってこの長く培われた『芸風』は一朝一夕には直せそうもありません。

…妻のメモに小さく『覚悟しておくように』と書いてあったのを、詩集を見た後気付きました」

驚きがそのまま伝わってきます。さぞかし恥ずかしかったのでしょう。顔から火が出るといいますが、そんな感じです。ビックリしたのはこうした話題を明るく受け止める家庭のおおらかさです。そのおおらかさが子どもの心を育てているんだとうれしくなりました。

今、家庭がだんだん閉じられつつあるように見えて、とても心配です。閉じることは子どもと親の成長にとって決してプラスになりません。虐待も閉ざされた子育ての中で起こっています。たくさんの他者の目で支えられてこそ、人は大きく成長できるのではないでしょうか。

パパのヘンタイ

ヒカル（仮名・4年）

私がテレビを見ていたら、
妹が、
「ヒカル、早く来て。パパが…。」
と言ってきたので、
急いで行きました。
そしたらパパが、
「わっ！」と言ったので
おどろきました。
そのパパを見ると、
ママのパンツをかぶっていました。
そしてママが、
「キャー、何してんの？ 返して！」
と言って、
パパがおこられました。
どうしてそんなことをやるのかなー？
と思います。

ユーモア詩で家族会議

何でだか知らないのですが、私が担任をするとクラスのお父さんはとってもユニークに、とっても下品になるようなのです。私はとっても上品なのにどうしてでしょう。

この詩も、「すごい」のです。ほかに言葉はいりません。例によって学級通信に載せるかどうか、とても悩みました。聞くと、お母さんは「一日待ってください」と即答しませんでした。そりゃそうですよね。これだけ「すごい」のですから。

ヒカルの家では、家族会議が開かれたそうです。おじいちゃん、おばあちゃん、パパ、ママ、ヒカルと妹の6人で2時間もかかって結論を出しました。

「実名はかんべんしてください。今のところに住めなくなります」

そこで本人が好きな歌手の名前で載せることになったのです。それにしても、詩を頭ごなしに否定せず、家族会議を2時間もやるなんてたいしたものです。おそらくパパはママのパンツをかぶってウケをねらったのでしょう。でもそれがきっかけで家族会議になったのですから、ユーモア詩の威力はすごいとあらためて感じました。パパのピンチも救ってしまいましたね。

詩をめぐるやりとりを通じて、ヒカルは、自分が家族の中でいかに大事にされているか、肌で感じ取ったに違いありません。

まちがえたお父さん

村松　雅哉（4年）

この前お父さんが
よっぱらってお風呂から出たあと、
パンツをはくのを忘れた。
次の日になってお父さんが、
「パンツがない！」
と大さわぎしていた。
そしてまちがえて
お母さんのパンツをはいた。
それで仕事に行った。
仕事から帰って
「お母さんのパンツをはいてた！」
と言ったらお母さんが
ものすごくおこっていた。
なんでパンツを
まちがえるんだろう？

笑い合える家族に

お父さん、すごすぎます。よっぱらってパンツをはくのを忘れるくらいはあるかもしれませんが、まさか、お母さんのパンツをはいて仕事に行くなんて…。

こんなことが本当にあるのか、と私もうーんとうなってしまいました。

相当酔っていたのでしょう。お風呂でおぼれなくてよかったと考えた方がいいかもしれません。

翌朝も、酔いがさめていなかったのでしょう。

「『パンツがない！』と大さわぎしていた」「まちがえてお母さんのパンツをはいた」「それで仕事に行った」。雅哉の淡々とした書きぶりが、逆にお父さんの姿を浮き上がらせます。会社ではお父さんも、間違えたことに気付いたはずです。その時の驚いた様子を見てみたかったですね。

帰ったお父さんが自分から「お母さんのパンツをはいてた！」と告白したのもびっくりです。

「お母さんがものすごくおこっていた」のは当然ですが、普通なら黙って知らん顔をしてしまうところです。あえて告白してしまうところが、お父さんのすごいところだと思いました。

自分の失敗をもネタにして笑いを取ろうとするお父さんの姿に、笑い合える家族にしたいという強い思いを感じたのは私だけでしょうか。そうそう、雅哉のお父さんは、何かとズボンとパンツを下げてウケをねらってしまうのですから、すごいものです。

パパのトイレ

永森　航汰（4年）

朝、ぼくがトイレに入ろうとしたら、
パパがトイレにいた。
ぼくが、
「早くして！」
と言った。
でもパパはおそかった。
ぼくがもう一度、
「早くして！」
と言ったら
何も言わなかった。
だからトイレをあけてみたら、
パパがねていた。

家族のつながり

朝のトイレは奪い合い…子どもの数が少なくなったとはいえ、こんな家庭もまだまだ多いはずです。早くしないと遅刻する、と時間に追われて焦る気持ちは、大人も子どもも変わりません。「早くして！」のひと言で、そんな朝の雰囲気が浮かび上がってきますね。普通なら「もう少しだから待ってろよ」というお父さんの返事が聞こえてくるところです。

でも「パパはおそかった」。もう一度声をかけたのに、返事もない。

心やさしい航汰のことですから、「もしかしたら倒れているのかも？」と本気で心配したに違いありません。どきどきしながら思い切ってトイレの扉を開けた様子が見えるようです。

なのにパパは、「ねていた」のです。

さぞかしあっけにとられたのでしょう。最後の簡潔な表現が効いていますね。

安心もしたし、あきれたし…いろんな気持ちがないまぜになっている心の動きが伝わります。

それにしてもこの状況で爆睡できるお父さんは、すごいです。

ちょっとやそっとでは動じないのか、それともトイレで寝てしまうほど疲れているのか。お父さんの姿に、航汰は何を心に刻み込んだのでしょう。

家族が一緒にいるだけで感じることは多いのです。それが家族がつながるもとになるのです。

食事のマナー

岡田　弥未（6年）

私のお父さんは、
食事のマナーにうるさい。
おわんの持ち方だとか、
姿勢とかだったりする。
でも一番ぎょうぎが悪いのは、
お父さんだ。
姿勢は悪いし
下品なことは言うし…。
中でも一番ひどいのは、
みんなが食べているのに、
おならをすることだ。
しかもその後は、
「ゴメン！」
の一言もない。
自分が一番
ぎょうぎ悪いくせに…。

ほどほどの距離感

お父さん、ひと言も返す言葉がありませんね。ぐうの音もでない、とはまさにこのことですね。私にとってもひとごととは思えません。6年生の女の子は、小さい母親のようなものです。それこそ低学年の頃と同じつもりで接するととんでもないしっぺ返しにあいます。

もちろん、私も含めてお父さんは、まったくの善意です。上品な女性になってほしいからあれこれ言うのです。

子どもが小さいときは、お父さんは絶対の存在です。変なことをするなんて考えもしないから、気づかないのです。でも思春期を迎える頃には、そんなお父さんもだんだん一人の人間に見えてくるのです。見えてきたら、なんだよこれ、と。子どもが自立に向かって成長するのですから、親子の距離感も変わってくるのは当然なのです。

本当はお父さんも喜ぶべきことなのですが、これだけストレートだと、分かっていてもたまりませんね。同情します。

思春期の子どもに、あれこれしつこく言っても受け入れられるわけがないのです。子どもの成長に合わせて、大人も付き合い方を変えないといけないのです。

親子関係も、親子の間の「ほどほどの距離感」を探し続ける旅なのかもしれません。

お父さんとプラモデル

吉田　崚太（3年）

うちのお父さんは、
なんでも「ダメ」と言います。
でも「いいよ」と言わせる
よい方法があります。
プラモデルです。
お父さんに、
「プラモデル、作らないの?」
と言うとすぐに部屋に入ります。
だからその後ぼくが部屋に入って
「ゲーム、やっていい?」
と聞きます。
すると、
「いいよ。」
と言います。
プラモデルにむちゅうになると、
なんでも「いいよ」と言います。
だからお父さんが休みの日は、
いつも
「プラモデル、やんないの?」
と言っています。

子どもは忍者

子どもたちは忍者のようです。親のちょっとしたスキは決して見逃さないのです。プラモデル好きなお父さん。これをやっているときは、何を言っても「いいよ」という。すっかり峻太に見透かされているのです。峻太のお父さんは深夜の帰宅が多いそうですが、学級通信などには必ず目を通しているそうです。夜遅く、詩を読んで「峻太も成長したな」なんて一人でニヤニヤしていたのではないでしょうか。目に浮かんでくるようです。

ユーモア詩をやっていると、親の弱みやスキをちゃんと見抜く子どもの目の確かさに驚きます。大人が「ちょっと恥ずかしくて書かれたくないなー」とか、「ばれるとまずいな」なんて思っていることに限って、なぜか子どもは書いてくるのです。

お母さんが電話に夢中になっている時やバーゲンで必死になっている瞬間、人からほめられているときの表情…どれも子どもは頭にしっかり刻み込んでいるのです。

「これじゃ、しつけにならない」なんていうのはやぼな話です。人の心のすき間にスーッと入っていけるしなやかさは、人が社会で生きていくのに欠かせない力です。

「柳に風」という言葉もあります。ちょっとやそっとでは折れない心が子どもの中に自然に育っていくように見守りたいものです。

ねてる時

西山　未矩（3年）

私がねている時、
お父さんの目覚まし時計で
起きてしまう。
その後ねている時に、
お父さんの足音まで聞こえてくる。
ドンドンドンドンと…。
その後お父さんが、
私のところに来て
タッチをする。
その後お父さんが、
会社に行く時の玄関を開ける音。
やっとお父さんが会社に行って
静かになったと思ったら、
自分が起きる時間になってしまう。
朝はすぐきてしまう。

つながりが見える

お父さんに対する未矩の思いが伝わってきて心が温かくなる詩です。お父さんの音でまとめるという着眼もいいですね。

目覚まし時計の音、ドンドンドンドンという足音、そして玄関を開ける音…。あわただしく出勤するお父さん。どの場面も生き生きとしていて、目に浮かぶようです。

普通なら、寝ているときの他人の目覚まし時計も、足音もうるさくてイライラするものです。でもどっちも、未矩にとっては大好きな「お父さんの音」なのです。その後には、「未矩、大好きだよ」と言わんばかりのお父さんのタッチが待っているのです。

タッチしたお父さんも、働くエネルギーが満タンになったことでしょう。お父さんが玄関を開ける音に耳をすませる未矩の姿が印象的で、2人の心のつながりが見えてくるようです。

忙しくて時間がとれず、子育てに参加できないと悩むお父さんも多いでしょう。でも親子のつながりはちょっとした時間でも、工夫次第でできるのです。未矩のお父さんのように、子どもに愛情を込めてタッチするだけでも十分伝わるのです。

短い時間でも、ありったけの愛情を込めて子どもに接してください。自分は親に丸ごと愛されているという思いが、子どもの心に響いた時、子どもは安心して外の世界に飛び立っていくのです。

パンツ

白鳥　香帆（４年）

お母さんが
せんたく物をほしていた。
お母さんのとなりに、
香帆のパンツをほした。
香帆のパンツは
お母さんのパンツの$\frac{1}{2}$の大きさだった。
算数は楽しいな。
こんな時でも分数が使えるんだ。

心の貫禄

二つのパンツが思わず目に浮かんでくるようなほほ笑ましい詩ですね。

この詩が出てきたのは、４年生で分数を習ってすぐのこと。分数のこんな使い方を見つけてしまう子どもの発想の豊かさに改めて感心しました。

私も、授業の中身がしっかり伝わっているとうれしくなりました。習ったことを復唱するだけでなく、実感を通して表現するところまで発展させてくれたのです。これこそ本物の学力です。

学級通信に載せていいか、と聞くと、お母さんは「子どもはなかなか鋭いと思いました。ちっとも恥ずかしくないです」と快諾してくれました。詩を読んだお父さんは「そういえば、お母さんのパンツ本当に大きいよな」と追い打ちをかけ、家族で大笑いしたそうです。

あれから四年、今、香帆は中学生。「2分の1」はどうなったでしょう。

お母さんはこう言いました。「まだまだ甘いわよ。香帆が大きくなった分、私も大きくなったからまだまだ2分の1よ」

とてもおおらかで頼れる感じのお母さん。いつでもどーんと受け止めてくれる気がします。

「もっと私みたいに大きくなってほしい。心も体も貫禄を付けてほしい」。香帆へのお母さんの切なる願いです。私も、もっと「心の貫禄」をつけたいものです。

お母さんの手

上野　諒（5年）

お母さんの手は、
いつもつかれたように
がさついている。
でも今日はちがった。
サラサラした
やわらかい手だった。
こんな手は久しぶりだ。
どれくらい久しぶりだろうか。
ぼくは、
少し昔にもどった気がした。
とってもやわらかい
お母さんの手だ。

安心感は成長のもと

給食センターの調理員として働く諒のお母さん。機械化したといっても、やっぱり重労働です。「つかれたようにがさついている」。諒の思いがいっぱいつまっています。懸命に力を込めて、大きなしゃもじを動かしているお母さんの大変さを知っているからこんな言葉が生まれるのです。

家に帰ったら、家事もしなくてはなりません。手を触りながら、「大丈夫？」と気遣う諒の思いが伝わってきますね。その心を微妙に感じ取ったお母さんは、手にクリームをつけてケアし、サラサラの手にしたのでしょう。

「やわらかい手」「昔にもどった気がした」という表現は象徴的です。

お母さんの手にゆったりとさわりながら、小さい時にかわいがってくれた自分だけの手を感じて安心に包まれたに違いありません。

子どもは、小さい時の母親のニオイや手触り、抱きしめられたときの安心感に包まれて成長するのです。そうした五感を通して感じ取った愛情に支えられてこそ、他者と向き合う勇気も生まれてきます。

「愛してるよ」と言いながら、子どものほっぺたをスリスリしてあげるだけでよいのです。それが、人間としての感情のコアをつくり、一人前の人として自立する大切な基礎につながるのです。

お母さんのアゴ

東　宇宙（6年）

お母さんのアゴは、
とっても気持ちいい。
いつさわっても
気持ちいい。
お化粧の時が一番気持ちいい。
ぼくがアゴをさわったら、
下を向いて、
手をはさんできた。
もっとおばあちゃんになったら、
すごく気持ちよくなるのかなー？

心に残る肌触り

お母さんのぬくもりが伝わってきて、私の気持ちもなごんできます。小さいころのスキンシップの記憶は、子どもの時だけでなく、大人になってもずっと体の中に残っているからでしょう。

宇宙は小さい時、大きな病気をしました。手術を繰り返し、病気と闘う赤ちゃんの姿に、お母さんはさぞかし切ない思いをしたはずです。

「がんばったね！」「生き抜いてね！」

宇宙の手を取り、ほおずりするお母さんの姿が浮かんでくるようです。

宇宙の手には、ほおずりするお母さんのアゴの記憶がしっかり刻まれたに違いありません。

「気持ちいい」という言葉が４回も出てきます。お母さんの肌触りとぬくもりで宇宙がどんなに安心感に包まれるか、よく分かりますね。宇宙は、お母さんがアゴの下に自分の手をはさんでくれることがうれしくてたまらないのです。

お母さんも、頑張る宇宙の姿に、どんなに勇気をもらったことでしょう。小さな赤ちゃんの柔らかい肌と温かさ。いつまでも心に残るはずです。

子育ては命と向きあうことです。だからこそ、たまらなく愛しいのです。小さいときの親子のスキンシップは、子どもの人格の土台をつくるのです。

ママのおっちょこちょい

野木　佑希（3年）

ぼくのお母さんは
おっちょこちょいで、
よくお皿やコップを
割っています。
この前は
油を台所の床に
ばらまいてしまいました。
それをふきながら、
「ワックスをかけたみたいで、
いい感じじゃない。」
と言って
足にかかった油を
「おはだがツルツルになるかしら？」
と言って足に伸ばしていた。
失敗しても
全然悪く考えない。
ぼくが失敗した時も
おこらないでね。

失敗許せる家庭に

油をこぼしたのに「ワックスかけたみたいでいい感じじゃない」なんて言われたら、どぎまぎしてしまいますよね。おまけに足にかかった油を「お肌がツルツルになるかしら？」とまるで化粧品をつけたような言い方なんですから、怒るに怒れません。

佑希が「失敗しても全然悪く考えない」と書いたのも、よっぽどあきれたからでしょう。お母さんは、お皿やコップならいざ知らず、けがの心配のない油じゃないか、と言っただけなのかもしれません。でも、油を床のワックスや肌につける化粧品に見立てるなんて、なかなかできる芸当ではないですよね。私も床に油をこぼしたら、ママにならって「スケートの練習だ！　トリプルアクセルだ」とやってみるかもしれません。でも最後に、厳しい言葉が待っています。

「ぼくが失敗した時もおこらないでね」

こんな佑希のママでも、子どもの失敗を許すのは結構難しいのです。

今、子どもにとって家庭は、学校以上に失敗が許されない場になりつつあります。子どもの失敗を新たな角度からとらえ、笑いに包んで返してあげてほしいものです。こんな工夫をするのも、親の大切な仕事です。家庭に笑いがあるだけで、子どもは自然とうまく育っていくのです。

ビール

小島　辰仁（3年）

ソファーで読書をしていたら、
「ごっくん‼」
と何か飲み込む音がした。
なんだろうと思って
お母さんを見たら、
何でもなかった。
でもテレビを見たら、
ビールのCMをやっていた。
お母さんがCMを見て
つばを飲み込んだらしい。
お母さんって
本当にビール好きだなぁ。

ごっくんが描く家族の風景

「ごっくん」というつばを飲む音を手掛かりに、家族の風景を見事に描き出したすてきな詩ですね。母と子の間に流れている空気の温度まで伝わってくるようです。

読んだ私も詩に引き込まれて、思わず「ごっくん」とつばをのみ込んでしまいました。

こんな力のある詩ができるのも、辰仁とお母さんの濃密なコミュニケーションがあるからです。お母さんのことを知り尽くしているから、ビールのＣＭとお母さんの「ごっくん」が辰仁の頭の中でつながり、詩が生まれてきたのです。素晴らしいイマジネーション能力ですね。

お母さんも相当なものです。ビールのＣＭを見て、「ごっくん」が聞こえるほど反応するというのですから。辰仁の能力は、母親ゆずりと言っていいかもしれません。

そういう私も詩を読んだだけで「ごっくん」となったのですからなかなかじゃあありませんか。単なるビール好きなんてひと言で片付けないでください。

子どもは大好きなお母さんを驚くほどよく見ています。とりわけ、自分がどう思われているかについては、とても敏感です。

ふだんの暮らしで「あなたの思いを知る努力をしているよ」という親の姿勢を感じることができれば、子どもは安心して力を発揮できるのです。

頭を使え！

前勉強していたら、
わからない所があった。
だからお母さんに聞いたら、
「そのくらい頭を使え！」
と言われた。
だからぼくは、
言われた通りに
頭を勉強のノートに
くっつけたり
こすったりした。
でもわかんなかった。
お母さんが笑って
「あんたバカじゃないの？」
と言った。
ぼくはちゃんと
頭を使ったのになー。

坂江　周平（３年）

笑い合う時間を

すてきなやりとりですねえ。お母さんに「そのくらい頭を使え！」と言われれば、たいていは首をひねって考えるポーズくらいはしてみるものです。ところが、周平は「頭をノートにくっつけたりこすったりした」というのです。頭を消しゴムのようにしてノートをゴシゴシこすったのでしょうか。頭で字を書こうとしたのでしょうか。想像するだけで、ウッヒッヒ…と口元がゆるんできます。頭には、こんな使い方もあるんです。

「あんたバカじゃないの？」。一見お母さんの怒りの言葉にも聞こえますが、前にある「笑って」の一言がいい味を出しています。「ちゃかすな」と言いたい気持ちと、一本とられた、と感心する思いと…。お母さんの心の動きがしっかり伝わりますね。

周平は、言われた通り「頭を使っている」のですから、お母さんも文句のつけようがないのです。私も、「周平、おぬしもやるなあ」とほめてやりたい気分です。

愛情を持って接すれば子どもの思いが分かるようになるし、子どもの行為を笑ってすませる余裕も生まれます。「子どもが分からない」のは、親が子どもの感覚から遠くなっているからです。暮らしの中で、笑い合う時間を積み上げた分だけ、親子関係は豊かになるのです。笑いは、生活を豊かにするスパイスなのです。

ぼくとピアノ

小島　辰仁（3年）

時々ぼくは、
電子オルガンのろく音きのうで
3日前にろく音した自分のピアノをかけて
練習しているふりをする。
そしてお父さんをだましている。
だからお父さんは、
「よく練習しているな。」
と言っている。
でもお母さんにはバレる。
だからお母さんが、
「そちも悪よのう、小島屋。」
と言ってぼくのかたをぶつ。
ぼくは、
「おぶぎょう様にはかないませんわい。
イヒヒヒヒ…。」
といつも言っている。

大切な親の遊び心

辰仁は時代劇が大好き。特にテレビの水戸黄門の番組はよく見るそうです。そこで出てきた悪代官と越後屋が「そちも悪よのう、越後屋！」とお金をやりとりする場面。その会話をすかさず、お母さんと辰仁が使っています。感情を共有している親子のつながりの深さが伝わります。

もちろん「ピアノの練習をやりなさい！」などと口やかましいのは、どのお母さんも同じようなものです。感心したのは、その先です。子どもが練習しているふりをしていることを知りながら「そちも悪よのう、小島屋」と言うなんて、なかなかできることではありません。さすがです。

子どもの発想の豊かさは、周りにいる大人の遊び心から生まれると思うのです。育つ上で、親や周囲の大人が心の余裕を持つのは、想像以上に大切なのです。子どもの言葉の面白さ、豊かさを引き出すのに家庭の雰囲気は大きな役割を果たしているとつくづく感じました。

もっとも辰仁のお母さんも、発表会の前などには「ピアノの練習をしなさい！」と厳しく言っているようです。

詩を読んだお父さんは、苦笑いをするしかなかったそうです。ほっとしたような、さみしいような（？）気分でしょうか。お父さんが、疑心暗鬼に陥らないことを願うばかりです。

忘れ物の天才

小幡　実希（3年）

私のお母さんが、
買い物に行った。
「もう買い忘れないよね。」
とお母さんが言った。
帰ってから
れいぞうこと
れいとうこの中に
品物を入れた。
次の日になって、
たまごを使おうとしたら、
「あー、なーい。」
と言った。
私は、
「やっぱり忘れ物の天才だなー。」
と思った。
お母さんたら、おばかだな。

失敗を温かく見守ろう

「もう買い忘れないよね」

お母さん、自分がよく忘れ物をすることをよくよく分かっているのでしょうね。そんなお母さんを、このひと言で見事に表現した実希の言葉の力に拍手です。

たまごを買い忘れたことに気付いたお母さんの「あー、なーい」という反応も目に浮かぶようです。あせっているのでしょうが、どこかおおらかで、想像するとクスッと笑ってしまいます。

手前みそですが、自分が思ったことを言葉にするユーモア詩をやっていると、いつの間にか、言葉の力が育つのだと改めて感じました。

詩の全体を貫いているのは、お母さんに対する実希の温かいまなざしです。

「『やっぱり忘れ物の天才だなー』と思った」「お母さんたら、おばかだな」

お母さんの失敗を責めるどころか、お母さんらしいな、と柔らかく受け止めているのです。こんなに寛容になれるのも、失敗を笑い飛ばしてくれる家庭で育っているからではないでしょうか。

今、子どもたちは、失敗の許されない環境で育っています。自分の失敗が厳しくとがめられるから、他者にも寛容になれないのです。

失敗を温かく見守る家庭であることが、他者への優しさを育てるのです。

計算

梶　日菜子（3年）

ようちえんの弟がお母さんに、
「6＋5は11でしょ。」
と言った。
お母さんは、
「すごいわね。
そんなのわかるの？」
と言った。
すると弟は、
「足と手を使ってやったんだ！」
と言った。
お母さんは、
「それじゃ、くつ下をはいていたら、
できないわね。」
と言った。
テストのときに、
はだしにならなくてはいけない。
みんなで笑った。
私がようちえんのとき、
どうやって6＋5を
やっていたんだろう？

勉強のもとを育てよう

思わず笑っちゃいました。小さい時には、私も同じように足と手の指を使って数えていたからです。足して10以上は両手だけで計算できません。「ネコの手も借りたい」といいますが、弟は「足の指」を借りたのです。

6＋5が11になるというのは弟には大発見なのです。お母さんに、すごいだろうと胸を張っている姿が見えるようです。弟は、きっとお風呂で数を１００まで覚えて、11という数字は知っていたのでしょう。でもそれが「自分の体の中にある」ことを見つけたのです。それも両手を使って数えられる10以上の大きな数です。弟にはとてもすごいことなのです。

抽象的な数字を覚えていることと、それを自分の身近に感じて理解することは大違いです。ただ覚えろと言われてもそれにどんな意味があるのか、分からなければなかなかやる気になりません。勉強することが自分の暮らしとつながり、「役に立つんだ」と実感できればいやいややっている勉強もまったく違うものになってきます。

ユーモア詩が子どもに受けるのも、書くことがふだんの生活とつながっているからです。実感があるから面白いのです。弟の大発見をみんなで面白がっている日菜子の家族は、一番大切な勉強のもとを育てています。「非認知能力」も、こうした積み重ねで育つのです。

お風呂

大山　涼（3年）

ぼくは毎日お風呂に入ります。
お風呂に入ると、毎日シャワーをします。
シャワーをする時に、
耳の中がプチプチします。
だからちょっとだけ
くすぐったいです。
目をつぶるとまっくらになるので、
おしいれにいるみたいです。
ぼくがお風呂に入ると、
オナラをします。
ぼくは小さいアワで、
お兄ちゃんがやると
ちょっと大きいアワです。
お父さんがやると、
でっかいアワです。

親子のきずな

子どもの素直な感覚があふれる詩です。

「シャワーをする時に、耳の中がプチプチします。だからちょっとだけくすぐったい」「目をつぶるとまっくらになるので、おしいれにいるみたい」。

涼にとってお風呂には、不思議がたくさんつまっています。シャワーを浴びたときに聞こえてくる音の変化を楽しんだり、目をつぶったときの感覚を味わったり。どちらも自分の感じ方でしっかり楽しんでいます。しかも、それを見事に言葉にしているのですからびっくりです。

オナラ観察もなかなかのものです。

「ぼくは小さいアワ」「お兄ちゃんがやるとちょっと大きいアワ」「お父さんがやると、でっかいアワ」。何ともリアルです。読んだ私は、ついついおならのアワに鼻を近づけたらどうなのかな？アワがでっかくなると、においはやっぱり強烈なのかな、なんて想像してしまいました。

自営業のお父さんはとても忙しい人でした。でも、お風呂だけは子どもたちといっしょに入るようにしていたそうです。

涼は、お兄ちゃん、お父さんとやったオナラくらべが本当に楽しかったのでしょう。外からはバカバカしく見えるオナラくらべが、実は親子のきずなを深く結んでいるのです。

仮病

浅田　慧子（6年）

今日はバレー。
家でゴローンとしたかったから
なんとか休めないかと
色々考えた。
カゼをひいた。
すぐにばれそうだ。
頭がいたい。
でも元気よく帰ってきて、
おやつもたくさん食べたし…。
だめだー！
お腹がいたいと言おうと思ったけど、
なかなかうそはつけない。
あー、やっぱりバレーに行かなきゃー。

黙って受け止める度量も

心の深いところまでちゃーんとつながっている親子の感じがよく出ていて、私も思わずニッコリしてしまいました。それにしても、仮病を使う時の子どもの頭の働きはすごいですね。

「カゼをひいた?」「頭が痛い?」「でも、おやつもたくさん食べたし…」

自分で言って、自分で突っ込む一人漫才のようにも見えるかもしれませんが、バレーボールの練習をさぼる理由をひねり出す慧子の頭は、勉強している時の何倍ものスピードで回転しています。勉強の時も回転数をあげてくれれば、と思うのですが、なかなかその気になってもらえないのがつらいところです。

とはいえ、相手は生まれたときから慧子を知り尽くしている親です。なかなか歯が立ちません。最後に「なかなかうそはつけない」と告白していますが、やっぱり親は偉大なのです。この詩を読んでおばあちゃんが大笑いしたそうですが、慧子が家族に温かく包まれている様子が浮かんでくるようです。

子どもの仮病の背後には、難しい問題が潜んでいることがあります。軽い気持ちの時もあれば、自分の思いを分かってほしくて病気のふりをすることもあります。見極めるのは、大人の大事な仕事です。仮病と分かっていても黙って受け止める度量が必要な時もあるのです。

変なクセ

尾崎　舞帆（3年）

まほには変なクセがある。
パパの洋服ダンスの中に入る。
パパが見ていないすきに入る。
中は洋服だらけで
見つからない。
入っていると落ち着く。
ママに
「まほの洋服がよごれているから
入っちゃダメ！」
とおこられても入る。
中はいいニオイで、
下には洋服があるから
クッションみたい。
今でも体がすっぽり入る。
洋服ダンスは小さいから、
きっとまほの体が小さいんだな。

においの力

保育園の研究会でのこと。五歳児の子どもたちに「♪お母さんっていいにおい♪」を歌った後、「どんなにおいなのか聞いてみた」そうです。お母さんに対しては、「お化粧のにおい」「さわやか」…。やはり圧倒的に「いいにおい」なんです。

対照的なのはお父さんです。「ビールのにおい」「くつ下がくさい」「たばこのにおい」。

予想していましたが、こんなに違うとは…。ショックでした。私も「くつ下がくさい」と言われることが多いからです。

なのに舞帆のお父さんの洋服は「いいニオイ」なのだそうです。うらやましい限りです。たんすの中、というのも象徴的ですね。子どもは、狭いところが大好きです。ギュウギュウで入っていることも珍しくありません。

舞帆にとって洋服ダンスは、だれにも邪魔されないヒミツの場所なのです。まるであつらえたように自分の体にぴったり。タンスの中のお父さんのにおいは、舞帆に、背中を抱っこされているような安心感をもたらしてくれたに違いありません。すごい力です。

子どもの心の奥底に、愛情に包まれた思い出をたくさん増やしてあげることが大人の役目です。それが子どもの背中を支え、人生を生きる勇気をわきたたせてくれるのです。

せんたく物チャンピオン

吉田　あとり（3年）

せんたく物をたたんで、
お父さんの山、
お母さんの山、
ぼくの山に分けた。
高さをくらべると、
ぼくがいつも一番だ。
お母さんに
「せんたく物チャンピオンだね。」
と言われた。
体の大きさは
お父さんが一番大きいのに、
なんでぼくが一番なんだろう。

うれしい悲鳴

お母さんは、毎日、毎日、大量のせんたく物をしなければなりません。さぞかし大変でしょう。でもそのお母さんが、あとりに「せんたく物チャンピオンだね」と言うのです。大変だけど、子どもは、汗をいっぱいかいて元気でいてくれるのが一番、という愛情がたっぷりの言葉です。

あとりはスポーツが大好きです。あとりだけでなくお父さんもスポーツが大好きです。

あとりの「お父さん」という詩がなかなかすごいので、紹介しましょう。

ぼくのお父さんは、／走るのが大好きだ。／サッカーの練習の行き帰りに2人で走っている。／この前途中でカミナリが鳴って／ザーザー雨が降ってきた時、／みんな車でむかえにきた。／そのうちお父さんがきた。／それでぼくは、／「えっ、走り？」と言った。

カミナリが鳴っても走るお父さん。私は思わず「すげえなぁ〜」とつぶやいてしまいました。

あとりが体を動かしたり、泥だらけや汗まみれになることもいとわないのは、実はお父さん効果なのです。なーるほど、そうだったのか、とあとりの理解が深まった気がします。

これではお母さんがせんたくに追いまくられるはずです。でも父子の元気な様子を見れば、うれしい悲鳴です。そんなお母さんの姿を見ているから、あとりも気持ちよくせんたく物たたみのお手伝いをするのではないでしょうか。

バカがかぜをひく?

宇津木　城太朗（6年）

ぼくもかぜをひいた。

だから、

「バカはかぜをひかない。」

という言葉を思い出して
お母さんに、

「ぼくはバカじゃないね。」

と言った。

そしたらお母さんが、

「今はバカがかぜをひくのよ。」

と言った。

バカはかぜをひくの?

それともひかないの?

時間より質

「今はバカがカゼをひくのよ」。お母さん、きつ～いひと言ですねえ。

きっと城太朗は「あなたはバカじゃないよ。平気、平気」という言葉を待っていたのに違いありません。でも、そう甘くはなかったのです。

こんなきつい冗談が通じるのは、親子関係の土台がしっかりしているからでしょう。城太朗もクールに受け止める余裕があるからこんな詩が生まれるのです。

中には、両親が忙しくてなかなか家族でゆったり過ごすことができない子もいます。そんな子は、ときどき親の愛情を確認したくなるのです。

子どもは、親の愛を獲得する一番の近道は「頭のいい子になること」だと感じています。

「ぼくはバカじゃないね」という言葉の裏に、「ぼくを好きかどうかを知りたい」。そんな気持ちが潜んでいることもあるのです。忙しい親にしてみれば何とも厄介ですが、たまにはぼくの方をしっかり見てよ、というアピールかもしれません。

普段の何げないやりとりが、子育ての勝負どころになることもあるのです。

触れ合う時間の多寡よりも、質が大切とよく言いますが、同感です。

愛されていると安心すれば、子どもは自ら育つ元気が出るのです。

ラブラブ

藤村　美香（4年）

私のお父さんは
たまにお母さんが料理をしている時に、
うしろからそっと近づいて
お母さんのわきの下に手を入れて、
「ヤーッ！」
と言って持ち上げる。
そうするとママが、
「キャー！」
と言う。
すると私と弟がかけつける。
昔はいっぱいやっていたから
かけつける回数が多かった。
今は1年に5回ぐらいしかやらない。
なんでへっちゃったのかなー。
昔みたいな
子どものお父さんにもどってほしいなー。

いたずら心で愛を確認

いやー、いいですね。詩を読んだあなたも、きっとほほがゆるんでいるはずです。

お父さん、いたずら心たっぷりです。持ち上げた時のお母さんの「キャー！」という声がよっぽど好きなんですね。お母さんも、「まったく～」なんて言いながら、まんざらでもない、という表情をしているに違いありません。

文字通り、2人は「ラブラブ」です。美香と弟がなぜ大至急駆けつけると思いますか？

もちろんそれは、お父さんとお母さんの仲のいいところが見たいからです。親子が一緒にワイワイガヤガヤする様子が、目に浮かぶようです。

初めは美香も、「何事か!?」と駆け付け、な～んだ、と拍子抜けしたかもしれません。でもその時、両親のラブラブな空気に包まれる心地よさを強く感じてしまったのです。

だから、持ち上げる回数が減ったのはとっても気がかりなのです。「今は1年に5回ぐらいしかやらない。なんでへっちゃったのかなー」というのです。

子どもは、お父さんとお母さんのことをよく見ています。

「昔みたいな子どものお父さんにもどってほしいなー」。ここに美香の思いがいっぱい詰まっています。家族同士の愛を確認させてくれるいたずら心を忘れないで、と懸命に訴えているのです。

ラブラブ

長川　翼（4年）

4月7日は
母ちゃんのたんじょう日だった。
でも母ちゃんは
うれしそうじゃなかった。
「今日たんじょう日で
うれしくないの？」
と聞いたら、
「この年になったら
うれしくないよ。
だってだれも
たんじょう日プレゼント
くれないんだもん。」
と言っていた。
そしたら父ちゃんが
いつもより早く帰ってきた。
なんか袋を持っていた。
見たら大きなケーキだった。
しかも
「いくちゃん、おめでとう」
と書いてあった。
父ちゃんはどんな顔をして
買いにいったんだろう？
なんだかんだ言っても
ラブラブなんだよなー。

心にしみる家庭教育

なんてすばらしい父ちゃんでしょう。

父親たるもの、こうでなくちゃ、と頭では分かっていてもなかなか照れて実行できないものです。しかも、それを子どもの前でやってみせるなんて、父ちゃんを尊敬してしまいました。

それにしても、父ちゃん。「いくちゃん、おめでとう」と書いたケーキを、どんな顔で注文したのでしょう。想像するだけでニヤニヤしてしまいます。「ママ」とか「母ちゃん」でなく「いくちゃん」としたのは、子どもへのお祝いのふりをしたのかもしれません。

ケーキを子どもに見せるのも、結構勇気がいるものです。

「なに、これ？」

そんな子どもの質問に、父ちゃんの鼻は、ピクピクしていたかもしれませんね。

誕生日なのに「だれもプレゼントくれないんだもん」という母ちゃんの気持ちを、テレパシーのように感じとった父ちゃん。夫婦の気持ちの通い合いを誰よりも喜んでいるのが、翼です。

「なんだかんだ言ってもラブラブなんだよなー」という言葉に、気持ちが凝縮されています。

思いやりや家族の大切さを言葉で説き聞かせるより、ずっと心にしみる家庭教育になっているのではないでしょうか。

ぱぱのだっこ

佐野　響香（3年）

パパが最初に、
私をだっこしてきた。
その後に弟をだっこした。
そしたらママがパパに、
「ママのこと、忘れてなーい？」
と言った。
そしたらパパは、
ママを持ち上げようとした。
でも重くて全然
持ち上がらなかった。
必死で持ち上げているパパが
かわいそうになった。

笑いがはぐくむ生きる力

「パパがかわいそうになった」というひと言がぐーんと迫ってきます。「一家の大黒柱」のお父さん。頑張りが、詩を通してしっかり伝わってきますね。

子ども二人をだっこした後のお母さんの言葉がいいですね。「ママのこと忘れてなーい?」お父さんは大黒柱ですから知らん顔はできません。持ち上げられなくても、逃げるわけにはいかないのです。だっこしようと歯を食いしばる姿が見えるようです。

今では重くて持ち上がらないお母さんも、昔はとてもスマートだったのです。「若いころはボディーラインを強調した服を着て、有名なディスコで踊っていたのよ!」と言っていました。お父さんは、新婚時代にはお母さんを軽々と持ち上げていたに違いありません。

お母さんは、子どもを育てていくうちに徐々に存在感を増したのです。しっかりと根をおろし、大樹となったのです。クラスの役員をやってもらいましたが、一緒にいるだけで周りの人がほっとするおおらかな感じがとても印象的でした。

笑いのある家庭には安心があります。ゆとりがあるから心を素直に開けるのです。笑いが子どもの生きる力をはぐくむのです。こういう私も父親の一人。とてもひとごとではありません。「お父さん、頑張って!」と声をかけずにはいられないのです。

ゆめの中で

岩田　理奈（4年）

この前ゆめの中で
お兄ちゃんがおしりを出して、
遊んでいた。
私はゆめの中で、
「入れてーー！」
と言って二人で遊んでいた。
いろいろな人が
おしりを出して遊んでいた。
つばとか
かずまとか
ひろゆきとか
やまちゃんとか
増田先生が遊んでいた。
つばがおしりを出して、
クレヨンしんちゃんみたいに、
「ブリブリこうげきー。」
と言っておならをしていた。
私は
「なんでこんなゆめをみたんだろう」
とこうかいした。

子どもの特権認めて

夢の中のお兄ちゃんのおしりは、どんなだったでしょうか。ツルツルしていたでしょうか。桃のようなプリッとした形だったのでしょうか。あとから入ったつばやかずまたちのおしりも、とても魅力的だったに違いありません。中でも私のおしりは光り輝いていたはずです。

おならをしながらのつばの「ぶりぶりこうげき」もぜひとも見てみたいですね。

理奈がこんな夢を見るのも「自分もやってみたい」という願いが、心のどこかにあるからです。バカバカしいことを一緒にやってみると、仲間意識が深まっていくものです。

くだらないことを真剣にやれるのが、子ども時代の特権です。そんな特権を保障することが、子どもの心を豊かに育ててくれるのです。この特権は、大人の側の力量が問われることにもなります。大人の側に寛容さがあった時に、子どもは子どもらしく育つことができるのです。

教師を含めて多くの大人が子どもとのコミュニケーションの取り方に悩んでいます。そんなときに子どもの夢にまで、私が登場するなんてうれしい限り。それもみんなで楽しく遊んでいる場面なのですから言うことなしです。

教育は人と人の営みです。相手を認め、信頼する関係があってこそ初めて成り立つのではないでしょうか。

紙ハンガ

福島　綾華（3年）

ゆりなちゃんから電話がきて、
「紙ハンガって
ハンガー持っていくの？」
と聞かれた。
「いちおう持っていった方が
いいんじゃない。」
と言って電話を切った。
お兄ちゃんは
「学校で紙ハンガーなんて
やったことないよ。」
と言っていた。
図工の教科書を見たら紙版画だった。
こう太が、
「じゃあ、ハンガー持ってくるの？」
と聞いた時、
増田先生が
「はぁ？」
と言った意味が
やっとわかった。

子どもに教えられる

「明日は、紙版画をするからね」。そういって私は紙や接着剤、はさみを用意するよう子どもに伝えたのですが、話がまわりまわってこんなことになっていたとはびっくりです。

画用紙をはり合わせて絵や形を作り、上からインクをのばして紙に写し取るのが紙版画です。版画の入門編として、多くの人が小学校でやったことがあるはずです。帰りの会でていねいに説明したつもりですが、翌日、何人かがハンガーを持ってきたのです。どうしてそんなことになったのか、この詩でよ～くわかりました。彼らは、「ハンガ」と洋服をつるす「ハンガー」との区別がつかなかったのです。

言葉で説明したつもりでしたが、「版画」についてのイメージがない子どもには、それだけでは伝わらなかったのです。

こう太の「じゃあ、ハンガー持ってくるの？」という質問のときに気づくべきだったのに、何ともうかつでした。綾華は詩で「はぁ？」としか反応できなかった私の情けない姿を見事にとらえています。参りました。子どもに教えられるというのはこういうことなのですね。

子どもであれ、大人であれ、相手に真意を伝えるのはそう簡単ではないのだと痛感しました。小さい子ほど、ていねいに説明するのが大切なのです。

子どもの成長で大人も成長する

6年生を卒業させた1か月後に、野口さんというお母さんが職員室に来て、卒業式の時に撮った写真をわざわざ持ってきてくれました。それと同時に、次のような丁寧なお手紙をいただきました。

「父の部屋の枕元から詩集が出てきました」 野口 則子

増田先生、一年間大変お世話になりました。3月23日の謝恩会には、私の父（翔平の祖父）が心筋梗塞で急に亡くなってしまい、参加できずに残念でした。先生ともっと色々お話をさせて頂きたかったです。

魚沼産コシヒカリを作っていた新潟のじじは、翔平の書いた詩がとてもうれしかったようで、来る人来る人に詩集を見せては、自慢していたそうです。

最後に電話で話をした時は、

「増田先生が出演されたテレビが見られなかった。」

とくやしがっていました。そして、

「翔平は、いい先生に教えてもらって良かったなぁ。詩集を見てると、先生の人柄までわかる。」と話していました。

父の部屋を片付けていたら、枕元から詩集が出てきました。いつも詩を読んでいた父の様子が浮かび、涙がこみあげてきました。ユーモア詩は、クラスの中だけでなく、それを読んだたくさんの人たちに、幸せの種をまいてくれたように思いました。(中略)

5年生に妹がいますので、三小でお会いできると思います。読み聞かせも続けて行くつもりですので、これからもよろしくお願いします。すばらしい一年間でした。ありがとうございました。

おじいちゃんに差し上げたのは、6年生1学期の詩集でした。おじいちゃんのことを書いているということで、「こっちの1冊は野口君の分だよ。そして、もう1冊はおじいちゃんの分だよ。よかったら送ってあげて…。」と2冊詩集を渡したうちの1冊でした。その時に載せた詩は、次のようなものでした。

おじいちゃん

野口　翔平（6年）

ぼくのおじいちゃんは農家で、
魚沼産コシヒカリを作っている。

いつも
「米しか食べない！」
と言っているが、
パンもうまそうに食べている。
意地をはっているだけなのかな？

私は、この手紙を読んで、本当に胸が熱くなりました。孫が自分のことを書いてくれた詩集をみんなに自慢する。それだけでなく、臨終の間際まで詩集を枕元に置いておいてくれたのです。きっと、暇さえあれば詩集を取り出し、孫の書いてくれた詩を読んでいたのだと思います。これを読んで、つくづく詩集を発行してきて良かったと思いました。

翔平は、この詩を書いてから大きく変化・成長しました。それは、自分の書いた詩を肯定的に受けとめ、そのことを大喜びしてくれたおじいちゃんの存在があったからだと思うのです。

子どもの表現というのは、その表現（詩・作文・言葉など）を肯定的に受けとめてくれる他者の存在があった時、大きく変化・成長していくのだと思うのです。いや、そうした存在を抜きにしては伸びていかないと言ってもいいのではないかと思うのです。私たち教師や親や保育士が、そうした存在になれたらいいなと思うのです。

そうした存在になるように努力することで、大人も成長していくのです。最初から親らしい人などどこにもいません。子どもとの関わりの中で親らしくなっていくのです。大人が成長した分だけしか子どもは成長していきませんし、子どもが成長した分、親も成長させてもらえるのです。子どもは、本当にありがたい存在だといつも思うのです。

終章　「ユーモア詩」から読み解く子どもとの関係づくり

幼児教育や保育に関係する「10の姿」という言葉を、みなさんは知っているでしょうか。「10の姿」とは、文部科学省が小学校入学までの幼児期に育んでほしい姿を示したものです。知識や技能の基礎、思考力や判断力、表現力の基礎を習得するとともに、学びに向かう力や人間性を養う狙いが込められています。具体的にどんなものなのか、内容を紹介しましょう。

「10の姿」は、２０１７年3月に改訂された文科省の幼稚園教育要領、厚生労働省の保育所保育指針、両省に内閣府を加えた幼保連携型認定こども園教育・保育要領で重要なポイントとして位置づけられました。１歳児から小学校入学前の６歳児までに養っておきたい姿を10の項目を挙げて示した内容で、幼稚園、保育所、認定こども園共通の指針とされています。

⑴健康な心と体、⑵自立心、⑶協同性、⑷道徳性・規範意識の芽生え、⑸社会生活との関わり、⑹思考力の芽生え、⑺自然との関わり・生命尊重、⑻数量・図形、文字等への関心・感覚、⑼言葉による伝え合い、⑽豊かな感性と表現

こうした「10の姿」のどれもに「ユーモア詩」は関係しています。特に、⑼と⑽が強く関係しているように思います。自由な表現は、子どもの自己肯定感を育て、友人との関係性を高め、豊かな

感性を育てるのです。

この本で紹介した詩は私が教師時代のものです。当時であっても、親の許可を取ったり、ていねいな対応をしていました。昔だからできたのではなく、今であってもできることですし、今こそ教育に笑いが必要になっている時代はないのではないかと思います。

２０２０年7月には、24歳の母親が3歳の長女を部屋に1週間置き去りにして衰弱死させています。こうしたことだけでなく、虐待死も報道されています。「子どもが可愛いと思えない」という悩みを聞くことも、数多くあります。私の好きな詩人の竹中郁が、次のような子どもの素敵さを描いた詩がありますので、紹介します。

もしも

竹中　郁

もしもこの地球の上に
こどもがいなかったら
おとなばかりで
としよりばかりで
おとなはみんなむっつりとなり

としよりはみんな泣き顔となり
地球はすっかり色をうしない
つまらぬ土くれとなるでしょう
こどもははとです
こどもはアコーデオンです
こどもは金のゆびわです
とびます　歌います　光ります
地球をたのしくにぎやかに
いきいきとさせて
こどもは
とびます　歌います　光ります
こどもがいなかったら
地球はつまらない土くれです

（『子ども闘牛士』竹中郁少年詩集「理論社」より）

子どもがいるから、私たちの世界は輝いて見えるのだと思うのです。そんな子どもの輝きを共有できる保育や教育の世界は、やっぱりステキだなと思えるのです。

私が6年生を担任した時のことです。クラスの子どものお母さんが自殺をしてしまいました。様々な理由からノイローゼになり、死を選んだのでした。玄関を入ると居間があり、そこで自殺をしたのです。その第一発見者が、私のクラスの子どもでした。6年生にとってはあまりにも重すぎる事実でした。葬式の時、私は言葉をかけることができませんでした。肩を抱いて、一緒に泣いてやることしかできなかったのです。そんななさけない自分に腹が立って仕方がありませんでした。

その彼が20歳になった時に、その子が中心となり、当時のクラスの仲間を20人近くも集めて同窓会を開いてくれました。同窓会では、昔話に花を咲かせました。会が終わりに近づいた時、彼がそっと寄ってきて、話をしてくれました。

「先生が一緒に泣いてくれたこと、今でも覚えているんだ。あの時、お母さんに自分が捨てられたんだと思って、お母さんのあとを追って僕も一緒に死んでしまおうかと思ったんだ。だけど、あの時先生が一緒に泣いてくれたでしょう。だから、もう少し生きてもいいのかなと思えて、死ぬのをやめたんだ。先生、あの時一緒に泣いてくれてありがとう」

と声をかけてくれました。

何も力になれず、ただ一緒に泣くことしかできなかったなさけない私にかけてくれた彼の言葉に、私は泣けて泣けて仕方がありませんでした。しかし、一緒に泣いたことで彼の苦しみが少しでも和らいだとするなら、それはそれで良かったのかもしれません。

映画の『となりのトトロ』の中で、夜中の雨のバス停の場面があります。心細かったメイとサツキ。その隣にスッとトトロが立つのです。それだけで、二人は元気になるのです。私たち大人は、子どもが苦しかったりつらかった時に、そっと横にいてあげる。それだけで、子どもは心強く思うのではないでしょうか。大人は、そんな横にスッといてあげる存在でありたいと思うのです。

代々木病院の精神科医である故中沢正夫氏は、毎年入ってくる研修医の指導に関してこんな事を言っています。

「毎年入ってくる研修医は人もうらやむ〝秀才〟である。彼らも今の若者と同様に与えられた仕事は見事にこなすが、混沌とした現象（人の心なんて皆、混沌としているものだ）から、その人の立たされてしまっているせつない状況（本質）を、よみとるのに苦戦している。皆、やさしくて、思いやりがあり、教養も豊かなのである。これは彼らの責任ではない。…記憶力だけできたえられる医学部六年間の間で彼らは、バカになっていくのである。患者を前にしたとき必要な能力をきたえることができないといってよい。

教育とは、本来きわめて非効率的な行為である。そうした行為に求められるのは、知識の量や記憶力ではない。子どもたちとの日々の教育的営みから生じるカオスから本質を読みとる力なのではないだろうか。（「子どもたちの内面世界を読みとる力」もその一つである。）」

（「教育についてのとりとめもない想い」『生活教育』２００1年11月号）

今子どもたちに求められているのは、まさに「カオスから本質を見抜く力」なのではないでしょうか。もちろんそうした力は、子どもたちだけでなく、親も教師も保育士も身につけていく必要があるのだと思うのです。もともと、子育てや教育なんて、混沌としたカオスみたいなものです。そうしたカオスを楽しみ、そこから子どもの良さを少しずつ見つけていこうーぐらいの柔らかな発想が必要なのではないでしょうか。

次の詩を読んでみてください。

自分

佐藤　由莉奈（4年）

失敗する自分はきらい。
自分の意見を言える自分は好き。
人にやつあたりする自分はきらい。

まだ自分のことを好きじゃないけど、
これからどんどん
自分を好きになっていくだろうな。

この詩に見られるように、人は自分を好きになったりきらいになったりしながら、ジグザグと成長していくものです。そうしたまわり道を保障しながらも、「自分のことが好き」という子どもたちを育てていくことが、今とても大切なことなのではないでしょうか。現代の子育ては、難行苦行のようになっているように思えるのです。地域全体で子育てをしていた昔と違い、すべての責任が親に集中しているため、「しっかり育てなきゃ」と力んで余裕がなくなっているのです。

この本に掲載されたような詩に触れて、「子どもって面白いな」と育児や教育を楽しむきっかけにしてもらえれば、こんなに嬉しいことはありません。子どもは、どんなことでもユーモアで楽しむ力を持っているのです。その力に何より私自身が励まされてきました。

今の現実がそんなに甘くないことは十分承知していますが、それでも一緒に子育てや教育を楽しんでほしいと心から願わざるをえません。

あとがき

私は、「教育の危機」「子育ての危機」を感じています。なぜなら、教員・保育士・幼稚園教諭・親が、みんなどこかで眉間に皺をよせているような気がするからです。そんな大人たちに、ぜひともこの本を読んでもらいたいのです。子育てや教育は、苦労があるけどもっともっと楽しいもののはずです。そんな眉間にシワをよせている大人たちの肩の力を抜く本になったと思っています。

この本を出版するにあたり、たくさんの父母や子どもが協力してくださったことにまずはお礼申し上げます。

ここに載せた詩と解説は、「はじめに」で書いたように共同通信社で11年余りの間連載したものです。詩の助言をしてくださった元共同通信社編集委員の山田博氏とイラストを描いてくださった共同通信社グラフィックス部の赤嶺元気氏にお礼申し上げます。

また、この本の出版のために尽力してくださった、株式会社ぎょうせい出版企画部の萩原和夫氏に深く感謝したいと思います。

この本がたくさんの方々の手に渡り、「子育て」や「教育」の参考になれば幸いです。

増田修治●ますだ・しゅうじ
1958年生まれ。埼玉大学教育学部卒。小学校教諭として28年間勤務。「ユーモア詩」を用いたユニークな教育を実践。NHK「スタジオパーク」「にんげんドキュメント」などで取り上げられ大きな反響を呼び、テレビ朝日系「徹子の部屋」にも出演。2008年より白梅学園大学に勤務。現在、子ども学部子ども学科教授。初等教育の教員育成に携わるとともに、保育・幼児教育・小学校教育における子どもの発達や学力、いじめなど多彩な課題に取り組んでいる。著書に、『笑って伸ばす子どもの力』（主婦の友社）、『「ホンネ」が響き合う教室』（ミネルヴァ書房）、『幼児期の終わりまでに育ってほしい10の姿を育む保育実践32』（黎明書房）など多数。

子どものココロが見えるユーモア詩の世界

親・保育者・教師のための子ども理解ガイド

令和２年10月１日　第１刷発行

著　者　増田　修治

発　行　株式会社ぎょうせい

〒136-8575　東京都江東区新木場1-18-11
URL：https://gyosei.jp

フリーコール　0120-953-431
ぎょうせい　お問い合わせ　検索　https://gyosei.jp/inquiry/

〈検印省略〉

印刷　ぎょうせいデジタル株式会社

ISBN978-4-324-10886-4
(5108641-00-000)
〔略号：ユーモア詩の世界〕